결혼 전·물어야 할·한 가지

결혼 전 물어야 할 한 가지

2011년 10월 25일 초판 1쇄 발행. 2015년 3월 12일 초판 2쇄 발행. 강수돌, 곽병찬, 권인숙, 김서령, 김종락, 김종휘, 달마, 목수정, 박금선, 박범준, 서윤영, 안건모, 오진희, 이안수, 임영신, 임혜지, 편해문이 쓰고, 박정은이 펴냈습니다. 이홍용이 책임편집을 하고, 천소희가 교정을, 박소희가 표지 및 본문 디자인을 하였으며, 정소연과 김다정이 홍보 및 마케팅을 합니다. 이 책에 쓰인 사진은 윤민석이 찍었습니다. 필름출력은 (주)푸른서울, 인쇄는 영프린팅, 제본은 쌍용제책에서 하였습니다. 출판사 등록일 및 등록번호는 2003. 2. 6. 제10-2567호이고, 주소는 121-250 서울시 마포구 성산동 628-5, 전화는 (02)3143-6360, 팩스는 (02)338-6360, 이메일은 shantibooks@naver.com입니다. 이 책의 ISBN은 978-89-91075-72-6 03800이고, 정가는 14,000원입니다.

이 도서의 국립중앙도서관 출판시도서목록(CIP)은 e-CIP홈페이지(http://www.nl.go.kr/ecip)와 국가자료공동목록시스템(http://www.nl.go.kr/kolisnet)에서 이용하실 수 있습니다.(CIP제어번호: CIP2011004331)」

결혼을
배운 적이 없는
모든 당신들을
위하여

결혼 전·물어야 할·한 가지

강수돌
곽병찬
권인숙
김서령
김종락
김종휘
달마
목수정
박금선
박범준
서윤영
안건모
오진희
이안수
임영신
임혜지
편해문

【산티】

책을 펴내며

〈결혼 전 물어야 할 15가지 질문〉이라는 제목의 기사를 본 적이 있다. "거북해서, 상대를 잘 안다는 생각에, 그런 것쯤은 문제가 안 된다는 '자만'에, 정작 중요한 질문을 빠트리지는 않을까?"라는 말로 시작된 이 기사에서 소개한, 결혼 전 상대에게 꼭 물어야 하지만 대개는 그냥 넘어가고 마는 열다섯 가지 항목 중 몇 가지만 적자면 이렇다.

"아이를 가질지 논의해 봤나? 그러기로 했다면 주로 아이를 돌볼 사람은? 서로의 재정적 책임과 목표를 명확히 인식하고 있나? 육체와 정신의 건강 이력에 대해 완전한 정보를 서로 제공했나? 성적 욕구와 기호, 성적 기피 문제에 대해 편안하게, 허심탄회하게 얘기할 수 있나? 침실에 텔레비전을 둬야 하나?" 등등.

어찌 보면 중요한 '계약'을 앞둔 갑과 을이 계약서에 도장을 찍기 전, 몇 가지 원칙을 재확인하는 절차 같기도 하다. 백년해로를 기대하는 남녀가 이 조항들을 짚어가며 이야기를 나누다보면 서로 적절한 합의점을 찾아내지 못해 다소, 아니 심하게 불편해질 수도 있을 것이다.

물론 합의점에 순조롭게 도달했다고 해서 '행복한 결혼 생활'이 보장된다고 말할 수는 없을 것이다. 그건 또 다른 문제일 테니 말이다.
　이 기사를 보면서 "과연 결혼이라고 하는 엄청난 일을 감행하는데 서로에게 묻고 생각해 봐야 할 것이 비단 이 열다섯 가지 항목뿐일까? 아니 가짓수가 중요한 건 아닐 수도 있겠지. 단 한 가지 약속을 지키는 것만으로도 썩 괜찮은 결혼 생활을 해나가는 사람도 있을 테니까. 중요한 건 이런 대화를 통해 서로에 대해서 갖고 있던 환상이나 자기 식대로 만든 상대의 이미지, 또는 결혼에 대한 동상이몽에서 빨리 깨어날 수 있다면, 그래서 있는 그대로를 눈 뜨고 바라볼 수 있게 된다면 그건 의미가 있을 수도 있겠다" 이런 생각들이 들었다. 그래서 결혼을 먼저 해본 선배 기혼자들에게 조언을 구해 그것을 책으로 엮어볼 생각에까지 이른 것이다.
　"결혼 전 물어야 할 한 가지 질문이 있다면 무엇일지 써주세요. 그것은 자신에게 묻는 것일 수도 있고, 배우자에게 또는 두 사람 모두에게 물어야 하는 것일 수도 있겠습니다.…… 그 질문에 대한 '정답'은 없을 것입니다. 다만 어색하거나 불편해서 묻지 못했던 것들을 이 책이 계기가 되어 서로에게 혹은 자신에게 물을 수 있고, 그래서 두 사람이 함께 사는 삶에 대해서 더 깊이 알아가도록 해준다면 이 책은 제 몫을 하게 되리라 생각합니다. 유치하고 치사하다고 생각되는 질문도 좋습니다. 이 책을 핑계삼아 그런 이야기까지 편하게 나눌 수 있게 될 테니까요."
　이런 내용을 담아 원고 청탁서를 보내기 시작했다. 필자들의 반응은 다채로웠다. 우리가 애초 예상했던 인원보다 세 배 가까운 사람에게 청탁하는 사태가 벌어졌는데, 그만큼 거절한 사람이 많았기 때문이다. '바빠서' 쓰기 어렵다는 분도 많았지만, 또 아주 솔직하고 진지하게 자신의 상황을 설명하며 거절한 사람들도 있었다.

"실은 별거중이에요. 이런 상태에서 제가 젊은 사람들에게 무슨 이야기를 하겠어요?"

"아내가 제 글을 본다고 상상하니 도저히 글 쓸 자신이 없네요."

"아내가 '당신은 그런 글을 쓸 자격이 없다'고 하면서 쓰지 말라고 하네요."

자기 '검열'과 배우자의 '검열'(본인의 추측이지만)에 걸려 글을 쓰지 못하겠다고 고백한 사람들이 제법 됐다. 이혼 경험이 있는 어떤 분은 "결혼에 대해 심각하게 고민중이라 답장하기가 어려웠습니다. 너무 실존적인 문제로 다가와서요"라는 답신을 보내오기도 했다. 어떤 분은 흔쾌히 써보겠다며 "기분 좋을 때 써야 할 텐데…… 관계가 좋을 때와 안 좋을 때에 따라서 생각이 극단적으로 달라지거든요"라는 말을 덧붙이기도 했는데, 끝내 원고는 오지 않았다. 관계가 계속 좋지 않았던 것일까? 바빴을까? 그도 아니면 결혼을 주제로 글을 쓰려니 마음이 복잡했을 수도 있었을 것이다. 이 원고 청탁을 받고 "속이 시끄러웠다"고 고백한 사람도 여럿 있었으니까.

그중 한 필자는 마감일을 몇 번이나 어기다가 "며칠 안으로는 꼭 써주셔야 한다"는 최후통첩과 같은 메일을 보냈더니 "오래 전 결혼에 실패한 적이 있다. 다 극복한 줄 알았는데 막상 정면으로 결혼에 관련한 글을 쓰려니 내 마음 안에서 여전히 해결하지 못한 것들이 많이 남아 있다는 걸 이번에 새삼 알게 됐다"는 답신과 함께, 그래서 더욱

이 원고를 마무리할 필요가 자신에겐 있었다고, 다시 한 번 마감 기회를 주어 고맙다는 얘기를 건네오기도 했다.

원고 쓰기를 힘들어하는 필자들이 많은 걸 보면, "이 글을 쓰는 것이 모두들 자신의 결혼 생활만큼이나 힘들었을 것이다. 쉽게 썼다면 최근 큰일을 겪고 뭔가 정리를 한번 했거나……"라고 웃으며 말한 또 다른 필자의 얘기가 맞는 듯도 했다.

이 책을 준비하면서 많은 기혼자들과 이야기를 나누고, 그들이 원고 때문에 고민하고, 원고를 쓰면서 제일 의식하는 사람이 독자 이전에 자신의 배우자인 모습을 보면서 결혼이라는 것이 정말 만만치 않구나 하는 걸 새삼 실감했다.

여러 사람들이 남긴 결혼에 관한 글들을 봐도 그렇다. 극작가 버나드 쇼는 "결혼을 곧잘 복권에 비유하지만 그것은 잘못된 것이다. 복권 중에는 맞는 복권도 있기 때문에"라는 말을 남겼고, 프랑스의 소설가 앙리 몽테를랑은 "머리가 좋은 남편이란 존재할 수 없는 말이다. 왜냐하면 정말로 머리가 좋은 남자라면 결혼을 안 할 테니까"라는 말을 했다. 러시아의 문호 도스토예프스키는 "아내에게 있어서 남편이 소중한 때란 남편이 없을 때"라고 말했고, 시인 바이런은 "굉장한 적을 만났다. 아내다. 너 같은 적은 생전 처음이다"라는 강력한 발언을 하기도 했다.(아내를 남편으로, 남편을 아내로 바꿔 읽어도 무방하리라.)

결혼에 관한 달콤하고 긍정적인 말들도 어딘가 있겠지만, 쉬이 찾아지진 않았다. 그렇다면 이 책에 원고를 보내온 필자들은 과연 어떤 이야기를 하고 있을까?

임혜지는 "나는 이혼이라는 제도가 없었다면 결혼도 하지 않았을 것"이라며, 인간의 가장 파격적이고 창조적인 위력은 사랑에서 나온다고 믿지만, "단순히 제도와 타성에 의해 유지되는 결혼 생활이란 사랑에 대한 모독"이라고 덧붙였다.

김종휘는 "가끔 '서로 등에 칼은 꽂지 말자'와 같은 말이 갱들의 세계에서 사용되는 말이 아니라, '결혼의 서약'에 나오는 말이어야 하지 않을까 상상해 본다"면서, "배우자가 등을 보이는 동안에 순간의 막말 한 번 잘 참아도 그것이 바로 비수를 꽂지 않는, '결혼의 서약'을 준수하는 훌륭한 행위가 될 것"이라고 조언했다.

곽병찬은 "결혼을 앞둔 신랑 신부는 철석같이 믿는다. 두 사람의 사랑은 완전하다고…… 살아가는 과정에서 어떤 어려움도 극복할 수 있을 거라고…… 그러나 사랑은 완전해도 사람은 완전하지 않다. 그런 사람이 꾸려가는 생활 또한 그렇다"라는 의미심장한 말을 하기도 했다.

김서령은 "어떤 사람은 부부가 침대에 누워 있으면 둘이 누운 것이 아니라 양쪽의 부모를 합해 여섯 명이 함께 누운 것이라고 말하더라. 비장하지!"라고 적었다.

기혼자가 결혼에 관해 달콤한 이야기를 들려주기란 쉽지 않은 모양이다. 그건 삶이 달콤하지만은 않은 것과 같은 이치가 아닐까? 그렇다고 삶이 고통스럽기만 한 것도 아닌 것처럼, 결혼이 주는 선물도 분명 있다. 이 책 속에 바로 그 선물들이 은밀하게 숨어 빛을 발하고 있으니 말이다. 열일곱 명의 필자들이 우리에게 건네는 삶의 통찰과 지혜, 그것들이 어디에서 나왔겠는가? 쓴 약이 몸에 좋은 것처럼, 힘든 상황들이 마음의 근육을 키워주는 것처럼, 적을 사랑할 때 에고가 사라지는 것처럼, 결혼이라고 하는 '통증'이 주는 깨달음은 그만큼 값지고 클 것이다.

위에 언급한 버나드 쇼나 도스토예프스키의 말에도 고개가 끄덕여지지만, "하기에 따라 결혼이야말로 우리의 삶을 고양시켜 줄 가장 강력한 계기가 될 수도 있다"는 김종락의 글에 공감할 수 있는 이유는 어둠이 없이는 빛도 존재할 수 없음을 우리의 영혼은 이미 알고 있기 때문일 것이다. 그럼에도 힘들어지는 순간이 온다면, 매순간 2퍼센트 더 행복해지는 비법이 담긴 달마의 글을 보시라.

이 책은 결혼을 권장하거나, 반대로 결혼 제도의 문제점을 새삼 들추려고 만든 책이 아니다. 그저 결혼을 생각하고 있는 당신이라면, 혹은 결혼을 당장 계획하고 있지는 않더라도 결혼 적령기에 들어선 당신이라면, 이미 결혼을 했더라도 조금 더 행복해지길 원하는 당신이라면, 아직도 한 이불 속에서 서로 다른 결혼 생활을 꿈꾸고 있는 부부라면 이 책의 열일곱 필자들이 던지는 질문들 속에 자신을 한 번쯤 던져보았으면 해서 만든 책이다.

자신의 결혼 생활을 솔직하게 드러내가며 깊은 고민 끝에 원고를 써주신 열일곱 분의 필자들에게 지면을 빌어 감사드리며, 모쪼록 이 책이 더 행복한 삶을 만들고 싶은 분들 모두에게 작게나마 도움이 되었으면 좋겠다.

편집부

| 차례 |

책을 펴내며 ·4

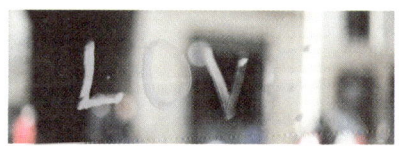

첫 번째 이야기 · · ·

우리는 결혼을
배운 적이 없다

겁 없을 때, 철들기 전에 ...김종휘 ·14
내게 고독을 선물해 줄 수 있나요? ...목수정 ·24
꼭 결혼이어야 하나요? ...박범준 ·40
결혼기념일마다 묻는 세 가지 질문 ...임영신 ·50
무엇을 결혼시키고 무엇을 이혼시킬 것인가? ...서윤영 ·64

두 번째 이야기 · · ·

결혼,
그 달콤 쌉싸래한 현실

사냥꾼 남편과 슈퍼우먼 아내가 함께 늙을 가능성 ...임혜지 ·76
살아보고 다시 계약하면 안 될까? ...안건모 ·88
결혼은 복불복이다 ...권인숙 ·102
사소하고 유치한, 그러나 결정적일 수 있는 ...오진희 ·112

세 번째 이야기 · · ·

그래도
결혼할 당신에게

배우자를 마트의 고객처럼 ...박금선 ·126
숙성되지 못하면 사랑도 쉰다 ...곽병찬 ·136
아내라는 이름의 하느님 ...김종락 ·150
매순간 2퍼센트 더 행복해지는 비법 ...달마 ·162

네 번째 이야기 · · ·

마법이 풀릴 때
진짜 사랑이 시작된다

깊은 무의식까지 함께 나누는 관계 ...김서령 ·180
지금 사랑하고 오래 연애하는 법 ...편해문 ·192
불완전한 자아가 완전을 꿈꾸는 유일한 방법 ...이안수 ·204
우리는 모두 상처받은 존재들 ...강수돌 ·216

첫번째 이야기 · · ·

우리는 결혼을 배운 적이 없다

결혼이란 닦고 조이고 기름 치는, 하루하루 같은 일상의 반복이다. 어제와 같은 오늘, 오늘과 같은 내일의 지속이다.…… "감사"하는, "기억"하는, "귀 기울"이는, "보듬"는, "가꾸"는 날마다의 행위! 이 행위를 부러 해보겠다고 결혼을 하는 것이다. 이 행위들이 계속 반복되어 갈 때, 너무 소소해서 지나치고, 보지 않게 되는 틈으로 흩어져 있는 작은 먼지 같은 것들을 불러 모아 결혼 생활의 '행복'이라고 부르게 되는 것이지 싶다.

겁 없을 때,
철들기 전에

• 김종휘

김종휘는 문화평론가 및 기획자로 활동하면서 하자센터 기획부장과 노리단 단장을 겸하고 있다. 2005년 초겨울에 결혼했다. 결혼하며 아내와 한 약속 하나, 살면서 서로 헛된 기대 말기로, 그 대신 한두 번은 제법 길게 온전히 같이 있기로. 하여 결혼 5개월째에 하던 일을 그만두고 아내와 함께 해안선을 따라 걷는 도보 여행을 떠났다. 정작 결혼해 한 집에 살면서는 같이 밥 먹는 일이 적었지만, 여행길에선 마주앉아 넉넉한 마음으로 밥을 먹고 술잔을 기울이며 오래 이야기 나눌 수 있었고, 밤늦도록 그날그날의 연인이 될 수 있었다. 그는 이 이야기를 《아내와 걸었다》라는 책으로 펴냈고, 그 외에도 《너, 행복하니?》《내 안의 열일곱》《대한민국 10대, 노는 것을 허하노라》 등의 책을 썼다.

'결혼의 서약', 그리고 대차대조표

저 결혼해요. 결혼한다고? 하하하, 드디어 하는구나! 축하해! 배우자는 누구야? 뭐하는 사람인데? 어떻게 만났어? 음, 그렇구나, 잘 만났네. 결혼식은 언제 어디서 하지? 그래, 그날 보자. 꼭 갈게. 참, 신혼 여행은 어디로 가? 아, 좋겠다! 하여튼 축하해!

얼굴엔 가득 미소를 담고 목소리는 잔뜩 쾌활해진 상태로 주고받는 이런 상투적인 문답은, 잘 아는 지인이나 후배지만 한동안 왕래 없이 지내다가 불쑥 결혼 소식과 함께 대면했을 때 일어나는 상호 반응이다. 다들 이렇지 않은가? 나도 그렇다. 반면에 늘 만나는 관계망 안에서 오랜 시간 사귄 두 청춘이 결혼한다는 소식을 접하면 양상이 좀 달라진다. 결혼하는 그들에 대해 시시콜콜 사정을 잘 알고 있는데다가 내가 무척 좋아하는 사람이라면 생각은 좀 더 길어지고 깊어진다.

이런 일이 있었다. 아끼는 후배 둘이 결혼을 한다는 소식을 접한 직후였다. 둘이 결혼해서 티격태격 살아갈 모습이 웬만큼 그려지자 걱정이 되었다. 그날 밤 나는 다이어리 안에 늘 넣어두고 다니는 내 결혼식 때의 청첩장을 꺼내 보았다. 이 청첩장에는 나와 아내의 이름이 적혀 있고 우리 둘이 작성한 '결혼의 서약'이 담겨 있다. 당시에 우리는 결혼에 대한 판타지는 가급적 걷어내고 일상에서 소소하게 지켜나가면 좋을 게 무엇인지 생각하려 했고, 의논 끝에 그것을 다섯 가지로 적었다. 이것만 지켜도 우리의 결혼 생활은 그럭저럭 잘될 거야, 하면서 말이다.

1. 매일 아침 떠오르는 해를 보면서, 그날 하루의 삶에 감사하겠습니다.
2. 매일 밤 별을 보면서, 우리와 마음을 나눈 분들을 기억하겠습니다.
3. 부모님께서 살아오신 삶을 이해하고 존중하면서, 주시는 의견에 귀를 기울이겠습니다.
4. 세상의 모든 것은 변하게 마련입니다. 서로의 변화를 축하해 주면서, 관계의 믿음이 더욱 성숙해지도록 잘 보듬어가겠습니다.
5. 행복은 상대방이 주는 것이 아니라 스스로 만드는 것입니다. 서로의 성장을 도와주며 기뻐해 주는 동반자의 삶을 가

꾸며 살겠습니다.

　이렇게 서약하고 지금까지 아내와 남편으로 살아온 우리 둘의 결혼 생활은 과연 어땠을까? 그냥 덤덤하게 대차대조표에 기입하듯 나열해 보자면, 1번 약속, 일터와 집을 오가며 분주하게 사는 매일 아침마다 떠오르는 해를 본다는 것, 무척 어려웠다. 쉬는 날에는 밀린 잠을 자느라 눈 뜨면 이미 해가 중천에 떠 있을 때가 많았다. 사람들이 왜 굳이 날을 정해서 또 굳이 저 멀리 바다나 산에 가서 일출을 지켜보며 감격해 하는지 비로소 알았다. 어쩌면 해 떠오르는 광경을 지켜볼 짬을 날마다 내지 못한 탓에 나는 그날그날 오늘의 삶에 먼저 "감사하겠"다는 마음을 아예 먹을 생각조차 못하고 지내온 날들도 많았다.

　2번 약속, 매일 밤마다 별을 본다는 것도 마찬가지였다. 서울 밤하늘에서는 반짝거리는 별을 보기도 어렵거니와, 하루를 마감하는 저녁 무렵 이후부터 잠자리에 들 때까지 나는 의식적으로 고개를 들어 밤하늘을 쳐다볼 일을 하지 않았다. 지금 돌아보면 이것이 우리의 결혼 생활에서 매우 중요한 일이었는데도 나는 번번이 놓쳐온 것이다. 저 밤하늘 아래 한 점 별과 별처럼 까마득히 멀리 떨어져 있다가 아내와 남편으로 만났다는 연을 날마다 "기억하"지 않은 것이다. 이 탓에 나에게 소중한 사람들을 매일 밤마다 "기억하겠"다는 약속도 거의 지키지 못한 셈이다.

3번 서약은 말조차 꺼내기 민망하다. 부모님과 하루 한 번 전화하는 것조차 늘 빼먹기 일쑤였으니까. 도움받을 일이 생기거나 집안일이 있을 때 왕래를 하는 정도였다. 이것은 바쁜 도시에서 숨가쁘게 밥 벌어먹고 살아가는 현대인들의 모습이겠거니 할 수도 있지만 꼭 그렇지만도 않다. 하기 나름인데 그렇게 할 생각을 자주 혹은 꾸준히 하지 않았던 이유도 있는 것이다. 이러니 "부모님께서 살아오신 삶을 이해하고 존중"한다는 것은 정말로 어려운 일이 되고, "주시는 의견에 귀를 기울이겠다"는 것 역시 겉으론 예의 바르게 "네, 네" 하더라도 속에서 경청하고 공감하려는 노력을 했는가 물으면 부끄럽기 짝이 없게 되는 것이다.

　아, 왜 이렇게 되었을까? 이렇게 3번까지 약속과 진행 결과를 대조하다 보니 꼭 반성문 쓰는 기분이 들고 자책감도 생긴다. 돌이켜보면 무엇보다도 4번과 5번 약속 때문에 그런 마음이 더 크게 드는 것 같다. 이 4번과 5번 약속을 먼저 중하게 생각하고 실천했어야 했는데 그러지 못했다는 것과, 한편으론 애초부터 실행하기 어려운 약속을 한 건 아닌가 하는 생각 때문이다. 4번 약속의 경우, 결혼을 앞두고 아내와 나는 서로 반드시 변할 것이라는 어떤 통찰까지는 하고 나름 각오도 했던 소산이다. 하지만 "서로의 변화" 때문에 "축하"는커녕 힘들어한 적이 훨씬 많았고, "관계의 믿음"은 숱한 생채기들 속에서 "더욱 성숙"해진 면이 있으나 이는 각자의 몫으로 남겨진 채 진행된 때가 더 많았다고 생각한다.

5번 약속, 여기가 절정이다. 결혼 이후의 "행복"을 말하며 그것은 "스스로 만드는 것"이라 다짐했으나, "상대방이 주는" 크고 작은 영향 때문에 서로 힘겨워한 순간들이 더 많았다. 하여 "서로의 성장을 도와주며 기뻐해 주"는 일은 대오각성하거나 깨달음의 장을 통과한 다음이 아니라면 대단히 의식적으로 노력하고 노력해야 맛볼 수 있는 어떤 경지에 해당하는 약속이었다는 것을 뒤늦게 알게 되었다. 참 겁도 없이 순진하게 이런 엄청난 약속을 공개적으로 낭독하면서 결혼식을 했구나 싶어 아찔한 현기증이 날 때가 있다. 우리가 결혼을 통해서 득도하겠다거나 성불하겠다는 거의 그런 수준의 약속을 했었다는 사실에 새삼 놀라는 것이다.

서로만 바라보고는
살 수 없다

결혼 계획을 잡았다거나 또는 지금 사귀는 사람과 결혼을 할까 하고 진지하게 생각하는 이에게 내 경험에 의한 '결혼의 서약 대차대조표' 이야기가 어찌 들릴지 궁금하다. 혹시 꿀꿀한 심정이 되었다면, 그럼에도 결혼을 하겠다면, 결혼에 대해 서로에게 갖는 기대와 목표의 눈높이를 매우 낮출 것을 권하고 싶다. 어디까지 낮추면 좋으냐고 묻는다면, 낮추면 낮출수록 좋다고 말하겠다. 낮출 수 있는 데까지 다 낮추고서도 필연 또는 우연의 뭔가에 이끌려서, 한마디로 정의하지는 못하겠지만 뭔가 느껴서 결혼한다면, 아주 큰 동작의 해병대 박수로 열렬히 씩씩하게 축하할 경사이다.

그런 사람이라면 결혼 생활을 즐겁고 보람차게 잘할 것이다. 왜냐하면 결혼이란 닦고 조이고 기름 치는, 하루하루 같은 일상의 반복이기 때문이다. 어제와 같은 오늘, 오늘과 같은 내일의 지속이기 때문이다. 내 결혼의 서약을 다시 봐도 중요한 대목은 매 번호마다 등장하는 무엇들이라기보다 실은 하고 또 하는 행위에 있었다는 재발견을 하게 된다. "감사"하는, "기억"하는, "귀 기울"이는, "보듬"는, "가꾸"는 날마다의 행위! 이 행위를 부러 해보겠다고 결혼을 하는 것이다. 이 행위들이 계속 반복되어 갈 때, 너무 소소해서 지나치고, 보지 않게 되는 틈으로 흩어져 있는 작은 먼지 같은 것들을 불러 모아 결혼 생활의 '행복'이라고 부르게 되는 것이지 싶다. 내가 제일 못했던 것이 이런 나날의 행위였다.

이쯤해서 '결혼은 도대체 뭔가?' 하는 생각을 안 할 수가 없다. 가장 흔한 비유가 "결혼은 두 사람이 나란히 한 방향을 바라보는 것"이라는 말일 게다. 이 비유가 가장 흔해진 이유는 그만큼 이 안에 많은 지혜가 담겨 있고, 그래서 많은 이들에게 생각의 기준이 되기 때문이 아닐까 싶다. 나도 이 비유에 동의한다. 같은 방향을 꾸준하게 바라볼 수 있다면 결혼 생활은 큰 애정과 격려의 에너지로 충만할 수 있을 테니 말이다. 생각지도 못한 난관이나 장애에 부딪혀 위기가 오는 게 아니라, 실은 두 사람 사이에서 같은 방향을 나란히 바라보는 행위가 쉽지 않으니까, 그렇게 안 해 버릇하며 살다 보니 문제가 커지는 거라고 생각한다. 이거, 흔하게 말하지만 어렵다. 1+1=1, 이렇게 되는 것이니까 말이다.

다른 비유법으로는 "나만 바라봐" 같은 약간 철지난 가사가 떠오른다. 이대로 가자면 "결혼은 두 사람이 서로를 바라보는 것이다" 정도가 될 것 같다. 이 얼마나 애틋한가? 알콩달콩 사는 신혼 부부나 사랑의 감정이 폭발 전후에 이른 청춘남녀를 보는 듯하다. 그러나 단언컨대 이렇게는 살 수가 없다. 정말 죽기 살기로 서로만 바라보다가는 그만큼 빨리 서로에게 질리게 되고 결혼도 종말을 고할 것이다. 한번 결혼하면 가급적 오래 살아봐야 뭘 알게 되고 얻게 된다고 생각하는 나로서는, 물론 예외란 늘 있지만, 이 비유를 마음에 담은 채 결혼하려는 지인이 있다면 정말 말리고 싶다. 이는 1-1=0, 인 것이다.

결혼, 등을 보여주고 등을 맞대는 것

내가 좀 더 공감하는 다른 비유를 들자면 "결혼은 서로 등을 보여주고 등을 맞대는 것이다"로 요약할 수 있다. 내 등을 보여줄 수 있는 사람이 배우자이고, 그가 내 등을 바라보는 동안에는 내가 바라보는 방향과 시선이 같아지는 관계이다. '서로를 바라보는 것'이 서로의 잘 가꾼 앞모습만 보는 관계라면, '상대의 등을 바라보는 것'은 내 구부정하고 고단한 뒷모습을 보여주고 바라봐 주는 관계이다. 서로 동시에 등을 볼 수는 없다. 한 번씩 서로 등을 보여 줘야 서로 상대방의 등을 볼 수 있다. 여기서 한 단계 더 나아가면 서로 등을 맞대고 살면서 다른 방향을 바라보는 것이 된다. 1+1=2, 이다. 1과 1이 서로 얼굴이 아니라 등을 맞댈 때라야 방향이 2가 되는 공식이다.

　사회 생활을 하면서 누군가에게 내 뒷모습을 보인다는 의미는, 뒤태가 워낙 예뻐서 뽐내는 경우가 아니라면, 그만큼 상대를 믿을 수 있다거나 내가 그만큼 용기를 낸다는 뜻이다. 믿고 등을 보이는 동안에 따듯한 격려의 손길이 다가올 수도 있으나, 한순간 나를 찌르는 비수가 들어올 수도 있으니까. 결혼 생활도 마찬가지의 믿음과 용기를 전제한다. 가끔 "서로 등에 칼은 꽂지 말자"와 같은 말이 갱들의 세계에서 쓰는 말이 아니라, '결혼의 서약'에 나오는 말이어야 하지 않을까 상상해 본다. 배우자가 등을 보이는 동안에 순간의 막말 한 번 잘 참아도 그것이 바로 비수를 꽂지 않는, '결혼의 서약'을 준수하는 훌륭한 행위가 될 것이다.

　그런데 등을 보인다는 것은 내 쪽에서 맘만 먹으면 그대로 떠나버릴 수 있는 거절과 배제의 의미도 갖고 있다. "서로 등진다"는 말처럼 갈라서는 것이 될 수도 있는 것이다. 이 점에서 "결혼은 서로 등을 보여주고 등을 맞대는 것"이 아니라 "결혼은 처음부터 곧장 서로 등을 맞대는 것"이라고 고쳐야 할 것 같다. 가끔 아내는 내게 상대방 등 긁어주려고 부부가 되었다는 옛날 어른들 말씀이 맞는 것 같다는 말을 하곤 하는데, 나는 그 말을 들을 때마다 아내에게 위로를 받는 기분이 들어서 훈훈해지곤 한다.

다 쓰고 보니 결혼을 앞두거나 미루거나 안 하기로 생각한 뭇 청춘들에게 어줍지 않은 교훈을 늘어놓은 것만 같다. 더욱이 요즘처럼 젊은이들에게 결혼은 사치고 출산은 도박이라는 인식을 갖게 방치한, 염치없는 사회를 만든 선배의 한 사람으로서 지금과 퍽 다른 시절에 결혼한 내 경험담이 무슨 도움이 될까 염려도 된다. 그나저나 결혼하기 전과 결혼한 다음에 실제로 겪는 일이나 생각 그리고 감정이란 아주 판이한지라 결국에는 각자 겪어보면서 터득하는 것이 맞겠다는 생각이다.

그리고 인류사 전체를 놓고 보아도 제일 괜찮은 결혼이란 잘 계산되고 충분히 계획된 결과로 나온다기보다는 겁 없을 때 순진하게 저지르듯 한 다음에 철들기 전에—"철들면 죽을 때"라는 말도 있지만—애 낳아 기르는 경험을 하고 보는 것이다 싶다. 지금 우리 사회는 그와 반대로 젊은이들을 잔뜩 겁먹게 만들고, 순진하면 바보처럼 취급하며 일찍 철들게 하고 있는데, 그럼에도 결혼을 감행하는 청춘이 있다면, 나는 다시금 이 말을 먼저 하게 될 것 같다. 결혼하면 티격태격 살 것 같고 경제적으로도 쉽지 않을 게 뻔히 보이던 두 후배에게도 결국 같은 말을 건넸다.

축하해!

내게 고독을
선물해 줄 수 있나요?

• 목수정

목수정은 공연 예술, 문화 정책 분야에서 일하다가 현재 파리에서 문화, 여성, 정치 분야의 글을 쓰며 살고 있다. 프랑스 남자와 비혼인 채 아이를 낳고 사는 만만치 않은 미션을 수행하고 있기도 하다. 지은 책으로는 《뼛속까지 자유롭고 치맛속까지 정치적인》 《야성의 사랑학》 등이 있다.

결혼은 건강에
치명적인 해를 끼칩니다

〈결혼은 건강에 치명적인 해를 끼칩니다.〉담배 포장에 쓰인 경고문을 패러디하여 만든, 파리에서 지금 상연되는 연극 제목이다. 이곳에서 '결혼'은 커플을 이룬 사람들이 선택하는 몇 가지 방식의 하나일 뿐, 확실히 다른 방식들(동거, 시민연대계약)보다 더 거추장스럽고 체제 순응적인 이 방식을 택하는 사람들은 점점 줄고 있다. 그럼에도 결혼에 대한 환상과 거기에 비례하여 존재하는 공포는 여전히 존재한다. 이런 제목의 연극이 계속해서 만들어지는 걸 보면.

    결혼이 남녀의 장기적인 동거와 출산을 허락하는 유일한 제도적 장치인 우리 사회에서 결혼에 대한 강박과 거기에 비례하는 의구심은 더 크다. 남들에게 손가락질당하지 않고, 부모 욕 먹이지 않으면서, 오래 사랑하며 아이 낳고, 등을 맞대며 살 수 있는 유일한 방법이 결혼이기에, 서로를 갈라놓는 밤들이 야속해지는 날들이 늘어나면 둘 사이엔 결혼 얘기가 오가게 마련이다.

단지 그들은 그 긴긴 밤들을 함께 있고 싶었을 뿐일지라도 결혼을 위한 준비가 본격적으로 가동되기 시작하면, 평소 결혼에 대해 조금 다른 소신을 가졌던 사람들마저도 일가친척은 물론 이웃, 동료, 동창 들이 총동원되어 '검은 머리 파뿌리' 운운하는 종신 계약의 증인들이 되어주는 결혼식장으로 밀려들어 가곤 한다. 꼭 이렇게 해야만 할까 저항감이 일다가도, 결혼은 인륜지대사이며 둘이 하는 것이 아니라 두 집안이 하는 것이란 말에 한 발짝 물러서게 마련이다. 비록 그 증인들의 대부분이 정작 신랑 신부의 얼굴은 구경도 하지 않은 채, 일찌감치 식권을 받아 챙겨 식당으로 가버리긴 하지만 말이다.

결혼식장에서 벌어지는, 합리를 비껴가는 모든 풍경들이 암시하듯, '행복한 결혼 생활'이란 우리가 달성해야 하는 인생의 미션 가운데 가장 어려운 일처럼 보인다. 그러나 어렵기는 하지만, 불가능한 것은 아니다. 우린, 세상이 정해놓은 무지막지한 결혼의 절차를 따르는 와중에 결혼 후 우리가 그 속에서 우리만의 새로운 규칙으로 새로운 해방의 공간을 만들어낼 수 있다는 사실을 잊는다. 혼자 있을 때는 개인이지만 둘이 되는 순간 거대한 힘을 발휘하는, 사회를 구성하는 기초 단위가 된다. 그와 내가 과연 우리만의 멋진 질서를 만들어낼 수 있을까? 물론! 두 사람이 그것을 간절히 원한다면.

영원한 사랑이 아닐 수 있다는 것, 알고 있나요?

영원한 사랑을 하는 사람을 주변에서 본 일이 있는가? 젊어서부터 나이가 지긋해질 때까지 손을 꼭 잡고 다니는 애절한 사랑을 나누는 이들은 텔레비전 프로그램, 〈세상에 이런 일이〉에 등장한다. 그만큼 그들의 존재는 희귀하다.

그럼에도 불구하고 결혼을 할 때, 주례가 신랑과 신부에게 묻는 한 가지는 죽기 전까지 서로를 신뢰하고 사랑할 것인가이다. 사랑은 의지의 문제가 아니건만, 순간 이는 의지의 문제로 환치된다. 미래에 자신이 갖게 될 감정에 대해서 확신할 수 있는 사람이 어디 있겠는가? 그러나 그것을 알기에, 감정의 문제를 의지와 신의의 문제로 환치시켜 만인 앞에 선서하게 만든다. 수많은 사람들에게 증인을 서게 함으로써, 이는 도덕의 문제로까지 연결된다.

결혼한 사람들이 그 틀 안에서 만들어가야 하는 영원한 사랑이란 동화에서조차 차마 등장하지 않는—사랑이 해피엔딩으로 끝나기 위해, 결혼 직후 모든 동화가 서둘러 막을 내리는 것만 봐도 알 수 있듯이—전설에 가까운 이야기건만, 서로의 사랑이 사그라지거나, 또 다른 사랑의 벼락에 굴복하는 날이 올 수도 있음을 알면서도 우리의 사랑을 무덤에까지 고이 간직하겠노라는 종신 계약에 모두가 서약한다.

그러나 세월은 자주 의지를 넘어선다. 어떤 위대한 사랑도 3~4년이 지나면 대체로 그 색깔과 향기가 변하면서 어떤 방향으로든 진화를 시작한다. 그 진화를 인정하지 않는다면 사랑은 질식당하고 변질되어 폐기 처분해야 할 수도 있다. 서로가 겪어낸 세월로 인해 각자 다른 방향으로 진화해 왔지만, 서로에게 넉넉한 자유와 신뢰를 부여해 온 사이라면, 서로의 진화를 두 사람이 공유하는 세계의 폭을 넓히는 방향으로 승화시킬 수 있을 터이다.

결혼을 하는 순간, 우린 종종 상대의 몸과 마음과 영혼을 송두리째 점유할 수 있는 권리를 갖는다고 믿는다. 심지어는 그의 과거와 미래까지도 모두 아내 혹은 남편이란 이름으로 온전히 컨트롤할 수 있는 권리가 있다고 착각하곤 한다. 그 혹은 그녀가 나누었던 과거의 사랑에 대해 캐묻고, 자신의 가족에 대한 감정적인 노동까지 나눠 지게 한다. 그러나 진실은 밤에도 한 공간에서 합법적으로 함께할 수 있는 사회적 허락을 받은 사이일 뿐이라는 것, 그리하여 아이가 생기면 부모가 되어 아이를 함께 키우는 사이일 뿐이라는 것이다. 둘은 그저 결혼이란 거적을 빌려 쓰고, 인생의 한 토막을 같이 걸어가는 동지일 뿐인 것이다. 물론 그의 몸도 마음도 영혼도 모두 그의 것이다. 나의 몸과 마음과 영혼이 온전히 나의 것일 뿐이듯.

세상은 유혹으로 가득하다.—그리고 그 유혹이야말로 내일을 또 궁금한 하루로 만들어주는 상큼한 사과 같은 것 아닐까?—갓 결혼한 여자들에게 '아줌마'라는 호칭을 재빨리 붙여주는 것, 그것은 더 이상 당신은 유혹하는 존재여서는 안 된다는 사회적 세뇌이다. 아줌마 머리를 하고, 펑퍼짐한 몸매에 두 배는 커진 목소리, 우아함 제거하고 억척스러움으로 무장해야 하는 그런 존재가 되도록 세상은 촉구한다. 그럼 아줌마가 되어버린 연인을, 유혹하기를 포기하고 중성의 지대로 접근해 가는 그 여자를, 남자는 여전히 감미로운 눈으로 사랑해야 하는 건가? 아니면 정을 사랑인 양 여기며 인내를 삶의 신조로 여기고 살아야 하는 건가?

　세상에 섞여 살아가는 일은, 서로 유혹하고 유혹당하는 일이기도 하다. 심지어는 두 살짜리 아이들도 자신들의 모든 매력을 동원하여 주변의 사람들을 유혹한다. 미소를 보내고, 손을 건네고, 치맛자락을 잡아당긴다. 내 남자가 여전히 세상 모든 여자를 유혹할 수 있지만, 내 곁에 있기를 바라듯 나 역시 세상 모든 남자를 유혹할 수 있고 유혹하기도 하지만, 기꺼이 그의 옆에 있는 것이다. 내가 선택한 가장 평화로운 나의 둥지이기 때문이다. 결혼이란 문을 통과했다고 해서 서로 유혹의 깃털을 모두 뽑고 시큼하고 털털한 아저씨 아줌마가 되어 인내와 화목, 희생의 기치 아래 생을 이어가는 일은 삶을 절반쯤 모독하는 일이다. 삶을 모독하는 사람에게 삶은 결코 선물을 베풀지 않는 법이니……

지난 세기에 가장 유명한 커플 중 하나인 사르트르와 시몬느 드 보부아르는 이십대에 만나서 평생을 함께했던 동지이자 연인이었다. 그들이 함께했던 50여 년의 세월은 서로만을 향한 지고지순하고, 서로에게만 충실한 사랑은 아니었다. 사르트르는 보부아르의 제자를 비롯하여 수많은 다른 여인들과 사랑을 나누었고, 보부아르도 다른 남자들과 길고 짧은 사랑을 나누었다. 특히 보부아르가 미국 작가 넬슨 알그렌과 나눈 사랑은 무려 7년이나 이어졌다. 그녀는 알그렌을 '나의 남편'이라고 불렀고, 100통이 넘는 편지를 그에게 보낼 만큼 열정 넘치는 시간들을 나누었다. 그러나 그녀는 사르트르와 맺은 강력한 연대의 끈을 놓지 않았고, 다시 사르트르 곁으로 돌아왔다. 둘의 사랑은 실존주의 철학을 이루고 《제2의 성》을 완성한 역사적인 것이 되었고, 둘은 나란히 몽파르나스 묘지에 묻혔다.

그들이 각자 다른 이성과 사랑을 나누는 동안, 그들은 짐승처럼 울부짖으며 아파했다. 때로 지리적으로 그리고 심정적으로도 멀리 있었지만, 언제나 그들은 세상과 함께 마주하는 동반자의 끈을 놓지 않았고 서로에 대한 근본적인 신뢰를 지탱해 갔다. 서로가 다른 이성의 품에 안겨 있는 동안 그들도 몸부림치며 아파했지만 그 아픔을 견딜 수 없어, 서로의 세계를 축소하도록 요구하지도, 그들이 맺은 단단한 결합의 고리를 파괴하지도 않았다. 그대가 나 이외의 다른 사람을 사랑할 수도 있음을 인정한 것이다. 내가 그럴 수 있었듯이 너도 그럴 수 있음을. 이들은 강했고, 또 강한 척하기도 했다.

이들이 공동으로 이룬 지성의 세계는 오로지 두 사람만의 것이 아니라 그들의 시대가 함께 공유한 것이었기에, 바로 그 점이 두 사람의 관계를 함부로 내던질 수 없는 압력으로 작용했을 수도 있다. 그런 만큼 이들이 개인적으로 감당해야 했던 고통은 우리에게 알려진 것보다 훨씬 더 컸을지 모른다. 그러나 잊으면 안 되는 한 가지, 사랑하면 그만큼 언제나 고통을 당한다. 감당할 수 있을 만큼만 사랑해야 한다. 그렇지 않으면 사랑의 고통이 우리를 삼켜버릴 터이니.

서강대 초대 학장이자 가톨릭 신부였던 케네스 킬로렌과 결혼했던 조안리 씨는 매년 결혼기념일마다, 새롭게 다시 남편과 결혼했다고 한다. "나와 결혼해 주겠습니까?" 그의 남편이 묻고, 그녀는 기쁘게 "그러마" 하고 대답했다 한다. "당신은 닫혀 있는 새장 안에 가만히 머무는 존재여서는 안 된다. 새장 문은 언제나 열려 있지만, 그 새장이 당신에게 평화와 사랑을 주기 때문에, 기꺼이 그 안에 다시 날아 들어오는 경우여야 한다"고 그녀의 남편은 말하곤 했다. 조안리가 그녀의 책에서 표현했듯이, 남편은 진정한 '자유인'이었다. 모든 생명체들이 살아가기 위해 공기가 필요하듯이, 모든 사랑하는 관계 사이에는 자유라는 공기가 필요하다. 서로가 서로에게 자유를 허락하지 못하는 사이에 남는 것은 추하게 말라 비틀어져가는 집착뿐이다.

　온 세상의 반대를 무릅쓴 힘든 결혼을 한 그들이었지만, 그렇기 때문에 앞으로 그들 사이에 자동적으로 단단한 결속이 이루어지리라고 믿지는 않았다. 결혼은 야생의 숲에 있던 두 나무를 화단에 옮겨 심는 것과 같다. 물을 주고, 넉넉하게 햇볕을 쬐게 하며, 맑은 공기를 종종 허락하지 않으면, 그들은 힘차게 뿌리와 줄기를 뻗어내고 튼실한 열매를 맺을 수 없다.

　결혼한다는 건, 평생 열정을 바쳐 사랑할 것을 약속하는 것이 아니라, 평생 그 어떤 어려움에도 불구하고, 그대가 원한다면, 든든히 옆을 지켜주는 옆지기, 동반자가 되어주겠다는 다짐이다. 결혼과 자유는 어쩌면 완전히 모순된 두 개의 단어같이 보이지만, 완벽한 신뢰를 바탕으로 한, 그러면서 충만한 자유가 보장되는 커플의 결합만이 괴로운 인내심 훈련소가 되어버리는 결혼의 일그러진 운명을 피해갈 수 있다.

룸메이트와
지내본 적 있나요?

　결혼을 채우는 대부분은 일상이다. 결혼 전의 삶이 그러했듯이, 결혼 후의 삶도 그러하다. 일상이란 언제나 너절하고 조금은 따분하며, 반복적이고 답답한 것이다. 게다가 완전히 다른 세상이 열리리라는 기대가 있었던 터에 주체할 수 없는 실망이 더해진다.

20~30년 다른 습관과 가치관을 가지고 살아온 두 사람이 한 공간에 산다는 것은 필연적으로 갈등을 유발한다. 밤이면 각자 자신의 집으로 발길을 돌려야 하는 고통을 청산하고, 자다가 눈을 뜨면 눈앞에 연인이 누워 있어, 손을 뻗어 머리카락, 보드라운 어깨를 쓰다듬을 수 있다는 기대로 결혼은 시작되지만, 커플의 일상에는 삶의 최소한의 틀을 유지시키기 위한 자질구레한 노동과 구차한 노력들이 요구된다. 그 자잘한 노동과 삶의 호흡이 처음부터 자연스럽게 박자를 맞추어갈 수는 없는 노릇이다. 스텝이 어느 순간 엉키고 만다. 각자의 민감한 구석과 무심한 구석이 일치할 수 없기 때문이다. 이는 서로 다른 존재가 한 공간을 점유할 때 겪어야만 하는 '필연적'이고 '실존적'인 갈등이다.

"우리의 사랑이 겨우 이 정도의 갈등 하나 감싸 안을 수 없다니." 결혼에 대해서 여전히 지니고 있는 대책 없는 낭만적 환상은 이런 종류의 충격을 많은 이들에게 안긴다. 그리고 어리석게도 이 유아적 충격은 종종 사랑을 유지하려는 노력, 서로에게 가장 매력적인 존재로 머물고자 하는 노력조차 포기하게 만든다. 서로가 지닌 성적인 매력과 무관하게, 일상의 자잘한 리듬을 공유하는 것은 피치 못할 언쟁과 조정의 시간을 동반해야 하는 지루한 과정이다. 결혼의 초기에 사랑이 식어버리고 마는 이유들의 대부분은—세월이라는 무지막지한 괴물 이외에도—바로 일상의 이런 사소한 부주의에서 온다.

친구들끼리, 혹은 서로에 대한 아무런 사전 정보 없이, 어쩔 수 없이 학교 기숙사에서 남과 한 공간을 나누어 써야 할 때가 있다. 열에 아홉은, 그 동거의 말미에 서로 원수가 되어서 헤어진다. 그 모든 동거자들이 치명적인 성격적 결함을 가졌을 리 없다. 한 공간에 존재하는 둘 이상의 존재는 갈등을 유발할 수밖에 없기 때문이다.

영화사 워너브라더스 사가 영화 제작을 위해 영국의 성인 남녀 2천 명을 대상으로 실시한 최근의 한 설문 조사는 결혼 혹은 동거 후 사랑이 지속되는 기간이 3년에 불과하며, 사랑을 시들게 만드는 요인들은 바로 사소한 일상의 습관들―운동하지 않고 살찌게 방치하는 배우자, 구두쇠같이 구는 남편, 컴퓨터 오락에만 열중하는 배우자, 불결함, 지나치게 많거나 모자란 배우자 가족과의 만남, 과도한 음주, 코고는 버릇, 이상한 패션, 불결한 화장실 습관 등―에서 온다는 사실을 적나라하게 보여준다. 사랑의 마약에 도취되었을 땐 그다지 거슬리지 않던 서로 다른 삶의 습관들은, 마취가 풀리고 말짱한 정신으로 일상을 꾸려나갈 때 흔히 참을 수 없는 걸림돌이 되어버리곤 한다.

함께 산 지 3년이 넘어, 열정이 예전 같지 않은 커플들이 애정을 회복하기 위해 쓰는 방법은 각자 서로에게서 자유로운 주말을 마련하는 일이다. 어느 설문 조사에 따르면 3년 이상 된 커플들의 34퍼센트는 한 달에 적어도 이틀은 혼자만의 자유 시간을 갖고, 58

퍼센트는 휴일에 혼자만의 여유를 즐긴다고 한다. 떨어져 있는 게 괴로워서 결합했지만 결합되어 있는 상태가 서로를 무기력하게, 심지어는 분노하게 만든다면, 다시 거리두기를 시도하는 일은 가장 현명한 첫 번째 방법이다. 더불어 각자의 존재가 드리우는 그림자까지 상대방을 불편하지 않게 하도록 조절하고 배려하는 노력이 끊임없이 요구된다.

나만큼 사랑하는 무언가를 당신은 가지고 있나요?

때때로 우린 질투가 사랑의 반증이라고 믿는다. 질투하는 상대를 보면서 종종 쾌감을 느끼기도 한다. 그러나 가볍게 투닥거리는 질투를 넘어서는, 서로의 영혼을 갉아먹고 삶의 반경을 축소시킬 정도의 질투심은 두 사람의 성장을 가로막고 삶의 평화를 앗아가 버린다. 결혼 생활이 오로지 서로의 눈만을 바라보면서 그 둘이 만든 작은 세계 속에만 갇혀 사는 것이 아니라면 둘 모두 질투심으로부터 자유로워져야 한다.

그러려면 각자에게 자신만의 세계가 있어야 한다. 서로가 서로의 전부여서는 곤란하다. 그를, 그녀를 잃는 것이 내 전부를 잃는 것과 같다면, 처음부터 당신들은 잘못 만난 것이다. 서로가 언제든지 날개를 달고, 멀리 날아갈 수 있는 존재인 동시에 언제든지 서로를 다시 찾아 서로의 목덜미를 더듬으며 위안을 나누는 사이

여야 한다.

　나만을 바라보고 사는 누군가와, 오로지 그 사람만을 위해 헌신하는 사람, 이 둘은 머지않아 잔인하게 상처를 주고 서로를 밀쳐내는 사이가 되기 쉽다. 내가 한 사람을 사랑한다면 그 사랑이 균형을 잃지 않고, 그 사랑이 나와 그를 삼켜버리지 않고 오랫동안 유지될 수 있기 위해서라도 열정을 쏟을 무언가를 또 가져야 한다. 일이든 취미든.

　우린 누구나 고독해질 권리가 있다. 사랑한다는 건, 또 한편으론, 서로의 고독을 그윽한 시선으로 어루만져 주는 것이다. 내가 고독해져도 그 사람은 그가 삶에 의미 부여하고 있는, 이미 오래전부터 튼실하게 키워온 또 다른 열정의 상대와 함께 자신의 삶을 영글게 할 수 있다. 음악이든, 산이든, 화초든, 책이든 그 무엇이든.

　헌신하지 말고 유혹하라. 유혹은 꼭 가슴골이 파인 옷을 입고, 꽃사슴 눈으로 상대를 바라봐야만 할 수 있는 건 아니다. 자신이 열정적으로 좋아하는 일이나 취미를 가진 사람들, 그렇게 자신의 세계에 몰입하는 사람들이 더 매혹적이다. 나의 형부는 도서관에서 다섯 시간 동안 꼼짝 않고 공부에 열중하는 우리 언니를 보고 완전히 반해서 그날로 사랑에 빠졌던 일을, 처음 우리 집에 왔던 날 내게 들려주었다.

　파리에 사는 지금, 자주 들르는 집 근처 카페에는 늘 노트북을 들고 와 커피 한 잔을 마시면서, 집중하여 글을 쓰는 중년의 여성이 있다. 이름은 알지 못하지만 그녀가 쓰고 있는 것은 논문이 아니라 소설이고, 그녀는 작가인 듯하다. 그녀는 주변을 기웃거리는 일 없이 자신의 작업에 몰두한다. 백발이 가득한 머리는 언제나 정성껏 가꿔져 있고, 빈틈없이 차려입은 자태와 자신의 세계 안에서 넓게 유영하며 반짝이는 눈빛은, 나로 하여금 그녀의 견고한 세계를 상상하고 기웃거리게 만든다. 나는 그녀에게 완전히 매혹되었고, 언젠가 한 번은 그녀와 말하고 싶어졌다. 그렇게 흥미진진하게 몰두하는 자신만의 세계를 가진 이들은 언제나 사람들을 유혹한다. 하나와 하나가 만나 셋, 넷, 다섯 그리고 또 무한대로 이어지게 하는 첫 번째 방법은 먼저, 자기의 굳건한 세계를 갖는 것이다.

당신은 내게 얼마만한 자유를 건넬 수 있나요?

"당신은 내게 얼마만한 자유를 건넬 수 있나요?" 이 질문은 "당신은 내게 얼마만한 고독을 허락할 수 있나요?"와 같은 질문이다. 인간은 관계를 통해서 성장하고, 고독을 통해서 성숙해진다. 자신의 고독과 마주하고, 거기서 자신만의 세계를 구축해 낸 자가, 또 다른 세계를 창작해서 사람들 앞에 건넬 수 있다.

내가 처음으로 혼자 여행을 떠나고자 했을 때, 현재 같이 살고 있는 내 아이의 아빠가 내게 한 말이다. "너는 너의 삶을 사는 건데, 왜 나의 동의를 구하니? 하고 싶은 대로 해." 아이가 다섯 살이 되던 해, 나는 아이를 낳은 후 처음으로 혼자 여행을 떠났다. 아이가 태어난 직후엔 어딘가를 길게 혼자 다닐 수 없었다. 처음에는 수유 때문에 그랬고, 좀 더 커서는 아이의 정서적 안정을 위해서 그랬다. 그러나 그 무렵부터 아이 아빠가 혼자서 시골집에 다녀오기도 하고, 내가 혼자서 낯선 도시로 사나흘씩 떠났다가 돌아오기도 했다. 우린 그렇게 해서 서로에게 홀로 있는 시간들을 만들어주었다. 아이는 엄마가 홀로 어딘가로 떠나는 것을 좋아하지 않았지만, 아이 아빠는 엄마에게 그 시간들이 얼마나 소중한 것인지를 역설하며, 홀로 떠나는 나의 여행을 강력히 지지해 주었다. 그러면서 우리 세 사람은 조금씩 홀로 성장해 갈 수 있었다.

"너를 크게 하는 것이라면 무엇이든 시도하렴. 그게 무엇이든." 날 사랑하는 사람이 해준, 그리고 닫힌 사회에 얌전히 갇혀 있던 내게 도약할 수 있는 날개를 달아준 또 하나의 말이다. 사랑하는 사람에게 우리가 줄 수 있는 가장 큰 선물은 자유이다. 그것은 무한한 신뢰에서, 그리고 사랑하는 것은 소유하는 것이 아니라 오히려 그 반대라는 현명함에서 나올 수 있다. 누구든, 가난한 자든 부자든 마음만 먹으면 이 위대한 선물을 자신이 사랑하는 자에게 선사할 수 있다.

우린 평생 부모에게서, 학교, 군대, 그리고 직장에서 자신의 욕망을 구속하고 사회의 요구에 자신을 복속시키는 훈련만을 받아왔다. 결혼을 하고 나와 내 배우자가 주체가 되는 가정을 이루면서 우린 비로소 우리만의 왕국에서 새로운 삶의 룰을 부여하며 살 수 있다. 결혼이 진정한 행복의 은신처가 될 수 있다면 우린 거기서부터 스스로의 룰을 통해 우리의 세상을 건설할 수 있을 것이다. 서로가 자유라는 선물을 최대한 선사할 때, 결혼은 사랑의 무덤도, 감옥도 아닌, 세상을 향해 마음껏 날아갈 수 있는 사랑의 활주로가 될 것이다.

꼭 결혼이어야 하나요?

• 박범준

박범준은 장길연과 2002년 3월 3일, 서울 북악산 기슭의 한 전시관 뒤뜰에서 결혼식을 올렸다. 남매냐는 말을 자주 들을 정도로 닮아 보이지만 서로 다른 점도 많고 서로에 대해 알아가야 할 것들도 무척 많다. 열심히 일하기보다 흥겹게 일하는 것을 좋아하고, 폼 나게 살기보다 멋있게 살고 싶어 한다. 각자 서울대와 카이스트를 나오고 잘나가는 직장에 다녔지만, 결혼 후에는 두 사람이 진정으로 원하는 것을 함께 이루기 위해 직장 생활과 도시라는 공간을 훌쩍 떠났다. 대전을 거쳐 무주 산골에서 집을 얻어 살다가 다시 바다 건너 제주에 터를 잡기까지 익숙한 삶을 떠나는 여행이 힘겨울 때도 있었지만, "우리끼리라도 서로 칭찬하자"는 좌우명을 잘 실천하며 여전히 웃고 지내는 좋은 길동무이다. 현재 '바람도서관'(http://www.nomoss.net)이라는 공간을 만들어놓고 하루 종일 붙어 지내지만 여전히 종종 투닥거리며 말다툼을 한다. 그래도 무엇이 잘못이었는지 돌아보고 조금은 더 나아지려고 애쓰고 있다.

그녀가 던진 질문

2002년 1월 2일이었던 것으로 기억한다. 한동안 아무 말 없이 앉아 있던 그녀가 불쑥 말을 꺼냈다.

"범준 씨에게 결혼이란 대체 뭐죠? 어떤 의미가 있나요?"

조금은 갑작스러운 질문이었지만 나는 조금도 머뭇거리지 않고 평소 생각대로 대답했다.

"나에게 결혼은 자유예요. 지금까지 부모님들께서 꾸리고 가꿔온 가족의 일원으로 살아왔다면, 결혼이라는 과정을 통해서 우리의 가족을 꾸리고 나면 우리 두 사람의 세상을 맘껏 만들어볼 수 있을 거라고 믿어요."

나의 대답을 들은 그녀는 잠시 생각에 잠겼다.

그때의 그녀는 물론 지금 나와 결혼해서 함께 살고 있는 아내 장길연이다. 2001년 초는 내가 선배, 동기 몇 명과 만든 회사가 막

성장을 시작하면서 외부 인력들을 영입하던 시기였다. 그 무렵 카이스트 출신 동기들이 만든 작은 무선 인터넷 업체 구성원들이 함께 우리 회사에 들어왔다. 그때 아내도 대부분 프로그래머인 동기들 틈에 끼어 우리 회사에 들어왔다. 나중에 들은 이야기지만 경영공학과를 졸업하고 석사 과정에서 마케팅을 전공했지만 돈 버는 일이나 대기업에 돈 벌어주는 일에 관심이 없었던 아내는 몇몇 유수의 기업을 전선하다가 집에서 바느질에 열중하고 있었다고 한다. 마침 회사를 차린 동기들이 그런 아내가 걱정스러웠는지 "어차피 바느질이나 할 거면 집에서 하지 말고 우리 사무실에 나와서 경리라도 보면서 하라"고 불러놓은 터였다고 한다.

여하튼 그 덕분에 아내와 나는 같은 회사, 그것도 같은 팀에서 함께 일하는 인연을 맺게 되었다. 생각해 보면 그때부터 우리는 서로 오누이처럼 닮았다는 말을 들었다. 심지어 뻔히 서로 다른 사람과 연애를 하고 있는 것을 알면서도 "닮으면 잘산다고 하니 둘이 사귀어보라"고 말하는 분이 있을 정도였다. 하지만 아내는 나에게 지나치게 독특하고 심지어 어려운 사람이었다.

처음 아내가 회사에 출근하던 날이 똑똑히 기억난다. 새 직원을 맞이하는 팀장이었던 나는 무척 긴장한 상태였다. 사용할 책상과 컴퓨터를 배정해 주고 우리 팀의 목표와 해야 할 일들을 설명해 주고…… 머릿속에 새로운 사원과 바쁘게 보낼 하루의 일들을 정리하느라 아침부터 마음이 바빴다. 그러나 처음 회사에 나온 신입

사원 장길연은 자리에 오자마자 간단한 인사만 하고는 무언가를 꺼내서 만들기 시작하는 것이었다. 얼핏 보니 알루미늄 호일을 가지고 화분 받침을 만들고 있었다. 첫 출근 날 책상에 둘 작은 화분을 몇 개 가지고 왔던 것이다. 화분 받침을 만들고 화분을 배치하고 물을 주느라 벌써 한참의 시간을 보내는 동안, 마음만 바쁘고 숫기라고는 전혀 없는 팀장이 할 수 있는 일이라고는 입 안에서 준비한 말들을 되뇌는 것뿐이었다. 그러다가 점심을 먹고 드디어 화분이 자리를 잡고 난 것을 확인하고 나서야, 나는 겨우 다시 말을 꺼낼 수 있었다.

"길연 씨, 사용할 컴퓨터가 준비되어 있는데요, 같이 기술팀에 가서 가지고 오죠."

"아 참, 제가 미리 말씀을 못 드렸는데요, 혹시 가능하면 노트북을 쓸 수 있을까요? 일반 모니터로는 전자파 때문에 일을 하기가 힘들어서요."

전자파가 인체에 좋지 않은 영향을 미칠 수 있다는 이야기를 신문 기사에서 본 적은 있지만, 실제로 전자파를 느낄 수 있는 사람이 있을 거라고 생각해 본 적은 없었다. 하지만 세상에는 그런 사람이 존재했고, 나는 회사 안 여기저기를 뒤져 사용자가 없는 노트북을 한 대 구해야 했다. 결국 그날 하루는 화분 배치와 노트북 컴퓨터 프로그램 설치로 다 지나가 버리고 말았다.

그런 하루가 나에게는 무척 답답하게 느껴졌다. 내게 있어 회사에 출근한 첫날이란 무척 중요한 날이다. 내가 함께 일할 사람들을 파악하고, 내가 해야 할 일이 어떤 것인지 확인하는 첫 번째 날이기 때문이다. 아내에게도 출근한 첫날은 무척 중요했다. 하지만 아내에게는 자신이 건강하고 신나게 일할 수 있는 환경을 만드는 것이 그 시작이었다. 그전 몇몇 회사에서 회사를 다니기 시작한 지 3개월이 되면 월급으로 버는 돈보다 약값이 더 들어갔던 경험을 했기 때문일지도 모른다. 여하간 아내의 입장에서도 첫 출근한 날은 새로 출근한 회사에서 자신이 가장 열심히 일할 수 있도록 준비하는 의욕적인 하루였겠지만, 그 방법이 서로 다른 나에게는 무척이나 당황스러웠던 것이다.

아내와 나는 여전히 닮았다는 말을 많이 듣는다. 원래 살이라고는 찾아보기 힘든 마른 체형과 갸름한 얼굴에 눈만 둥그렇게 큰 모습이 닮은데다가, 결혼하고 같이 살면서는 표정이나 행동 심지어 말투까지 서로 닮아갔다. 어디를 가도 부부라고 하면 많이 닮았다는 말은 기본이고, 오누이, 심지어 쌍둥이 아니냐는 소리까지 들은 적도 있다.

하지만 사실 우리 두 사람에게는 서로 이해하기 힘들 정도로 다른 점들이 많다. 그해 봄 각자 사귀던 애인과 헤어진 아내와 나는 같은 해 여름부터 깊은 사랑에 빠졌다. 사람들은 자신과 차이가 있는 누군가에게 매력을 느낀다고 하던가? 분명 우리에게도 두 사람 사이에 존재하는 커다란 차이가 서로 매력적이었는지 모른다.

그리고 나에게 서른을 앞둔 그 무렵은 '나와 다른, 그래서 도저히 받아들일 수 없었던 사람들을 이해하려고 애쓰기 시작한' 때이기도 했다. 분명 아내는 그런 점에서 나에게 가장 큰 영감을 준 사람이었다. 나와 정말 달라서 결코 이해할 수 없을 것 같아 보이지만 결국 이해하고 납득할 수 있는 사람이었으니 말이다.

동반자로 살아간다는 것

그해 무더운 여름, 나의 수줍은 고백으로 시작한 우리의 사랑은 가을과 함께 하루하루 깊어갔다. 이미 충분히 많은 시간을 같이 보내고 있었지만 여전히 아쉬웠던 우리는 아침 7시에 아내의 자취집 근처 공원에서 만나 산책을 하며 하루를 시작했다. 하루 종일 같은 사무실에서 일하고, 일이 끝나면 주위 사람들 몰래 데이트를 하다가 밤늦게 들어가곤 했지만, 그래도 아침 일찍 다시 만나고 싶을 정도로 서로에게 빠져 있었다. 서로가 좋았고, 서로가 남은 삶의 동반자라는 것을 둘 다 확실하게 느낄 수 있었다. 적어도 같이 살자는 것에 대해서는 확실하게 이견이 없었다. 하지만 문제는 '남은 삶을 동반자로 살아가는 형식'에 대해서 심각한 차이가 있었다는 점이었다.

나에게 삶의 동반자로 살아가는 방식이란 두말 할 것도 없이 '결혼'이었다. 하지만 아내에게 '당연히 그래야 하는 것'이란 없었다. 사랑하는 두 사람이 함께 남은 삶의 길을 걸어가는 방식이 왜 꼭 결혼이어야 하는가? 아내에겐 여전히 이것이 의문이었다. 고백하건대 당시 아내의 이런 고민은 나에게 무척 당혹스러웠다. 아니 조금 섭섭했다고 말하는 것이 더 정확할까? 사랑하고 함께 가겠다는 확신은 있지만 결혼이라는 방식으로 두 사람의 관계를 공공연하게 할 만큼의 확신은 없는 것이 아닌가 싶었기 때문이다.

　나는 성격이 무척 급한 편이다. 평소의 나였다면 당장 그런 섭섭한 마음과 의문을 털어놓았겠지만 당시의 나는 평소처럼 조급하기엔 무척 행복했다. 사랑한다는데, 함께 살겠다는데 결혼이라는 형식이 뭐 그리 중요한가? 이런 여유 덕분에 나는 조급하지 않게, 천천히 결혼을 설득할 수 있었다. 아내와 내가 결혼이라는 형식에 대해 진지하게 고민하고 서로의 생각을 이해하기 위해 애쓰는 동안 차가운 겨울 바람이 불어오기 시작했다.

　사실 내가 결혼이라는 제도에 대해 큰 환상을 가지고 있었던 것은 아니다. 결혼은 당위가 아니라 인류가 역사를 통해 만들고 발전시켜 온 하나의 제도일 뿐이며, 당연하게도 수많은 결함을 가지고 있다. 무엇보다도 결혼 제도는 아직까지 상당히 남성 중심적이고, 때문에 여성에게 불리한 제도라고 생각한다. 결혼식이라는 통과 의례를 통해 주위 사람들에게 공식적으로 알리고, 심지어 혼인 신고를 통해 법적으로 공증을 한다. 이로써 사랑하는 두 사람의 관계가 두 집안의 관계로 확대된다.

　심지어 난 결혼이라는 제도가 함께 사는 두 사람이 불행해질 수밖에 없다는 전제 아래 만들어진 제도라는 생각이 들 때가 있다. 마치 계약서를 쓸 때 당사자들이 신의와 성실의 원칙을 지키지 않을 거라는 전제 아래 모든 것을 규정하듯이 말이다. 한번 결혼이라는 제도로 묶이고 나면 웬만큼 원수지지 않고는 돌이키기 힘들 만큼, 결혼한 두 사람은 인간 관계와 재산 관계와 법적인 관계로 단단하게 결합해 버린다. 그런 결합 덕분에 상당한 안정감을 얻기도 하고, 실제로 그런 결합이 없었다면 쉽게 깨져버릴 수도 있는 위기를 넘기는 일도 있다. 하지만 반대로 그런 결합에 안주하여 서로에게 최선을 다하지 않고 그냥저냥 살아가는 부부들은 또 얼마나 많은가? 아내가 선뜻 결혼이라는 선택을 하지 못하는 것도 그런 점에서 상당 부분 이해할 수 있었다. 다만 내가 결혼 제도에서 남성이 누릴 수 있는 유리함을 쉽게 얻으려 하거나, 일단 결혼이라는 제도로 묶어놓고 서로의 관계에 최선을 다하지 않으려는 사람으로 보이는 것은 여전히 섭섭했다.

긴긴 겨울 동안 우리는 결혼이라는 것에 대해 많은 이야기를 나누었다. 나는 내가 굳이 결혼이라는 형식을 거부하지 않는 이유에 대해서 이야기했고, 아내는 자신이 결혼이라는 제도에 대해 가지고 있는 거부감을 솔직하게 이야기했다. 그리고 무엇보다도 우리가 함께 만들어 나아갈 삶의 모습에 대해 많은 이야기들을 나눌 수 있었다.

아프더라도,
묻고 답하기를 피하지 말라

그렇게 많은 이야기를 나누면서도 아내가 쉽게 결혼이라는 선택을 하지 못하고 있던 때가 바로 2002년 1월이었다. 나에게 결혼이란 무엇인가? 나에게 결혼이란 어떤 의미인가? 그 하나의 질문과 자유라는 나의 대답. 어쩌면 바로 그 질문과 대답 덕분에 우리는 그로부터 채 두 달이 지나지 않은 3월 3일에 많은 가족과 친구들 앞에서 박범준·장길연 부부로 태어날 수 있었던 것 같다.

전시회라는 독특한 형식의 결혼식을 통해 우리는 조금 별난 부부로 살아가리라는 선언을 했다. 벌써 9년 전 이야기가 되었지만, 적어도 결혼이라는 제도로 두 사람의 관계를 묶어놓고 그 안에 구속되는 생활이 되지 않으려고 꾸준히 노력했다고 생각한다. 비록 그 과정이 끊임없는 다툼과 갈등이라고 할지라도 말이다.

가끔은 이런 생각을 해본다. 과연 내가 말했던 자유란 무엇이었을까? 그것이 아내가 꿈꾸던 자유와 같은 모습이었을까? 결혼이라는 것을 하나의 구속이라고 생각했던 아내에게 나의 대답이 새로운 느낌으로 다가갔을 뿐, 우리가 생각하는 결혼 생활의 모습은 전혀 달랐을지도 모른다. 아니 지난 결혼 생활을 돌아보건대 우리가 무언가를 완전하게 이해하거나 합의하고 결혼했다는 생각은 절대 들지 않는다. 우리는 여전히 많은 부분에서 다르고, 많은 것들을 다르게 보고 표현하고 이해한다. 그런 점에서 우리를 결혼에 이르게 한 질문과 대답은 아주 커다란 오해에 불과할지도 모른다.

하지만 여전히 그 대화는 우리에게 중요한 의미를 갖는다. 그 대화로 완전한 이해나 합의에 이르지는 못했더라도, 치열한 고민과 소통의 노력이 그 대화에 담겨 있기 때문이다. 그런 노력 덕분에 결혼이란 우리에게 정해진 답을 가진, 고정된 무언가가 아니라 함께 그 답을 찾고 만들어가는 과정이 될 수 있었다.

결혼을 앞두고 서로에게 반드시 물어야 할 질문이란 과연 무엇일까? 우리 부부에겐 그것이 각자 생각하는 결혼의 의미가 무엇이냐 하는 것이었지만, 각 쌍의 동반자들마다 질문의 내용은 다 다를 것이다. 다만 결혼을 앞둔 두 사람에게 가장 중요한 것, 서로 반드시 확인하고 싶은 것이 있다면 그것에 대해서만큼은 두 사람의 생각을 나누고 차이를 확인하고 의견을 모아보면 좋겠다. 제법 격렬한 말다툼이 될지라도 말이다.

어차피 결혼이라는 새로운 삶의 방식을 택하고 나면 다툼은 피하기 어렵다. 그때마다 서로 무의미한 상처와 아픔을 주고받을 수도 있다. 하지만 정말 중요한 것은 그런 아픔에도 불구하고 서로 끊임없이 묻고 답하고자 하는 자세가 아닐까? 결혼이라는 중대한 고비를 앞두고 그런 노력의 시작이 되어줄 '질문' 하나를 찾아보고 서로에게 던져본다면, 다른 어떤 형식적인 준비보다도 소중한 것을 준비하게 되리라 믿는다.

결혼기념일마다 묻는
세 가지 질문

• 임영신

임영신은 2003년, 전쟁 직전의 이라크로 떠난 것을 시작으로 여행을 일상으로 삼게 되었다. 티베트, 아체, 팔레스타인, 민다나오 등으로 이어진 평화의 여행들, 아시아 곳곳의 공정 무역 현장들, 피스 보트, 세계사회포럼 등을 경험하며 경계를 넘는 여행자들이 '공정한 세계'를 열어갈 수도 있다는 희망을 품게 되었다. 그 마음으로 2006년부터 10여 차례의 공정 여행, 제천간디학교와 함께한 3년간의 아시아평화교육 프로젝트, 두 번의 공정 여행 축제를 기획·진행해 왔다. 성공회대 대학원에서 NGO학을 전공했고, 지은 책으로 《평화는 나의 여행》 등이 있다.

달팽이 집

자기를 벗어날 때처럼/ 사람이 아름다운 때는 없다.
―정현종, 〈사람은 언제 아름다운가〉

어릴 적, 누군가의 품에 마음껏 안겨본 적 없는 아이는 다른 사람을 향해 팔 벌려 안는 법을 배우지 못한 채 소녀가 되었다. 학교에서도 친구 하나 없이 한 학기를 훌쩍 넘기는 일이 다반사였고, 집에 와서도 골목길에서 펼쳐지는 또래들의 공기놀이와 고무줄놀이에 끼어달라는 말이 차마 입에서 떨어지지 않아 한참을 바라보다가 골목 안쪽 텅 빈 집으로 들어서곤 했다. 담장 너머 아이들의 소리를 들으며, 무엇을 할 수도 하지 않을 수도 없는 어쩌지 못하는 마음의 시간들을 보내며, 아이는 적막하다는 것이 무슨 뜻인지를 제 집 마당에서 익혔다.

　아주 먼 곳에 사신다는 아버지가 가끔씩 찾아올 때면 그 적막한 마당은 어머니를 내놓으라며 할머니를 발로 차고 때리는 소리와 아버지의 거친 숨소리, 물건들이 나동그라지는 소리로 가득찼고, 분이 풀리고 나면 그는 할머니를 때렸던 그 손을 그대로 아이에게 내밀어 뒷산에 산책을 가자며 집을 나섰다. 어린 손은 두려워하며 그의 손을 잡았고, 아직 꽃나무 몇 그루 없는 이른 봄, 날이 저물도록 산비탈에 앉아 끝없이 진달래를 따먹던 그는 추위 때문이었는지 진달래 때문이었는지 검푸르게 변한 입술로 산 건너편 아스라한 놀이동산을 바라보며 아이에게 말했다. 다음엔 저 놀이동산에 같이 가자고. 어둠이 눅신해지는 골목길을 되짚어 집 앞에 다다르면 그는 대문 밖에서 작별을 고했고, 아이는 안도의 한숨을 쉬고 나서 울컥해진 목소리로 할머니를 부르며 마당을 가로질러 방으로 달려갔다.

　어쩌면 그는 아이를 몹시 사랑했으나 어떻게 표현해야 하는지 모르는 듯했다. 아내를 향한 사랑에서도 그 점은 마찬가지인 듯했다. 어머니는 먼 훗날 끝내 그를 받아들일 수 없었던 이유가 그의 깊은 두려움, 의처증 때문이라 했다. 아버지를 피해 먼 곳에 살던 어머니는 때로는 춘천에서, 때로는 강릉에서 가끔씩 선물 보따리를 들고 찾아오곤 하셨다. 어머니에게서는 할머니한테선 나지 않는 낯선 향내가 그득했다. 오랜만에 만난 어머니가 낯설고 따스한 손으로 나를 어루만질 때면 나는 이상하게도 그 손끝에 달려 있는 길고 뾰족한 색색의 손톱에 찔릴까 무서워 몸을 사리곤 했다. 그러나 어린 마음은 어머니를 보는 것만으로도 좋았던지, "지 어미 고무신은 바닥까지 닦아주고, 키워준 할머니 고무신은 공 없이 보이는 데만 닦는다"는 할머니의 타박을 들으면서도 마당의 차가운 펌프 물로 뽀드득 소리가 날 때까지 어머니의 고무신을 닦았다. 그런 나를 환히 웃으며 바라보시는 향긋한 어머니를, 그 마당에 깃들던 햇살과 바람의 순간을, 유년의 기억은 행복이라고 저장했다.

초등학교 4학년이 되던 무렵, 어머니는 가만히 나를 불러 아버지의 부고를 전해주셨다. '의처'는 '상사'로 나아갔고, 두려움은 깊은 외로움이 되어 끝내 그의 생을 병들게 했다고.

"시골 어른들이 아버지가 병석에서 마지막으로 네 이름을 부르다 숨을 거두셨다고 하더라."

어쩌면 시골 어른들도 어머니도 내게 전하지 말았어야 할 소식이었는지 모른다. 아이는 한 번도 사랑하거나 사랑받지 못한 아버지의 낯선 부고 앞에 어떻게 해야 할지 알 길이 없었다. 슬프지 않았으나 어떤 애통이 밀려오는 그 낯선 순간을 참기 위해 문을 닫고 내 방으로 들어섰고, 끝내 방으로 들어서며 눈물을 쏟고 만 것은 마지막 순간에 내 이름을 발음하며 들썩였을 그의 검붉은 입술에 대한 기억 때문이었다. 진달래를 따 먹어 검고 파래진 그의 입술로 함께 가자 약속했던 그 놀이동산의 이름이 '희망대'라는 것을 그는 알고 있었을까?

　그렇듯 내게 어머니는, 아버지는, 가정은, 남편은, 집은, 그토록 무겁고, 어둡고, 아득한 단어들일 뿐이었다. 그 크고 딱딱한 집을 이고 살아가는 나는 점점 더 연약하고 말랑말랑한 마음을 감추고자 내 등 위의 집을 보여줄 뿐, 내 모습을 보여주는 일에는 더욱 주저하고 더욱 두려워하기 시작했다. 혹여 누군가를 사랑하고 누군가 나를 사랑한다고 할지라도 나는 그 사랑이 끝내 행복이 아니라 그 길고 어두웠던 어떤 터널로, 내가 내 삶의 채광을 조절할 수 없었던 그 어두운 집 속으로 나를 밀어 넣을까 놀라고 두려워 내가 먼저 딱딱한 달팽이 집 속으로 쏘옥 몸을 숨기고 말았다.

새로운 창

　그때부터였을 것이다. 그토록 온종일 책을 읽기 시작한 것은…… 학급 문고를 시작으로 학교 도서관의 책까지 차곡차곡 내가 읽을 수 있는 모든 책들을 읽어가는 것으로 새로운 일상을 빚어가기 시작했고, 책에서 얻은 새로운 세계로 내 속의 어떤 부재들을 채워가기 시작했다. 책을 읽는다는 것은 누군가에게 나를 보일 필요도, 마음을 다칠 필요도 없는 안전한 기쁨과 언제든 숨어들 평화로운 공간을 선물해 주었다. 어머니는 책이라면 아끼지 않고 사주셨으나, 늘 책이 모자라고 허기졌던 아이는 학교 너머 동네의 모든 집에 있는 책까지 다 읽어치우고서야 그 폭식적 책읽기를 멈출 수 있었다.

 상급 학교에 진학을 하고 싶었던 단 하나의 이유는 더 많은 책과 더 큰 도서관이 필요했기 때문이었다. 아이러니하게도 책 속에 집이라도 지을 듯 책을 파고들던 아이가 세상을 향해 고개를 들고, 세상을 향해 창을 다시 내기 시작한 것은 더 많은 책과 더 큰 도서관들 덕분이었다. 재미있게도 더 큰 달팽이 집인 양 파고들던, 더 큰 도서관에 꽂혀 있던 낯선 책 한 권 한 권은 고스란히 새로운 창이 되어주기 시작했다. 생명, 평화, 여성, 공동체⋯⋯ 새로운 어휘들 속에 깃든 새로운 가치들은 처음으로 낯선 설렘을 주기 시작했다. 가족을 넘어선 새로운 공동체, 새로운 관계, 새로운 사회를 꿈꾸게 해주었고, 그 수많은 생각들은 처음으로 생을 달뜨게 했다. 새로운 가치, 대안적 삶과 공동체에 대해 토론할 때면 내게도 어떤 희망의 뿌리가 뻗어나기 시작하는 듯했고, 겨울 나무 같았던 내 가지 끝에서 새 잎이 돋는 듯도 했다.

 그런 꿈이 한창 무르익을 무렵, 푸른 시절을 꿈꾸며 깃든 곳이 청량리의 다일공동체였다. 주말마다 같은 꿈을 가지고 찾아온 몇몇 청년들과 함께 때로는 토론하고, 때로는 밥 수레를 밀고, 때로는 성찬을 나누었다. 그러는 동안 우리는 어떤 꿈과 꿈들이 만날 때, 그 꿈이 발화하기 시작할 때, 그 깊은 그늘에도 들불처럼 꽃이 피어날 수 있다는 것을 배우고 익혀갔다. 그렇듯 새로운 삶의 나날들은 새로운 기억과 감수성을 빚어갔다. 함께 울고 함께 웃는 삶의 날들이 쌓여가는 그제야 두려움을 내려놓는 법을, 친구가 되는 법을 조금씩 알듯했다.

친구가 되는 법을 배우고 난 연후에야 사람을 사랑하는 법도 알게 된다는 걸 깨달은 것도 그 무렵이었다. 함께 읽고, 토론하고, 걷고 뛰던 한 사람이 내 마음의 어떤 경계에 들어서기 시작하고, 그의 귀 기울임이 만들어내는 공명이 아름답다고 느껴지기 시작한 것이다. 그라면 내 상처와 아픔까지도 깊이 쓸어안는 자애로운 사랑을 부어줄 것만 같았다. 그와 함께 많이 웃고 많이 걸었던 날들 동안 그와 함께라면 내 두터운 등 위의 짐을 내려놓고, 새롭고 아름다운 집을 지어갈 수 있을 것 같은 용기가 돋았다. 그 시절 우리에게 결혼은 다만 사랑의 집이 아니라 우리가 꿈꾸던 새로운 가치들을 담아 새로운 세상을 열어가는 작은 건축과도 같은 것이었는지 모른다. 그 시절 우리에게 결혼은 새로운 세계였고, 낯선 곳을 여행하듯 공부하며 나아가는 서툰 걸음이었다.

결혼,
새로운 집을 짓는 일

생태, 평화, 영성을 중심에 두고 결혼이라는 새로운 집을 짓기로 약속하고 시작된 결혼 준비였다. 결혼이 무엇인지, 어찌 가정을 만들어가야 하는지 배워본 적 없는 우리는 결혼을 앞두고 여러 어른들을 찾아다니며 결혼한다는 것에 대해, 가정이라는 것에 대해 배우기 시작했다. 무수한 책을 쌓아두고 우리가 함께 만들어갈 가정이 무엇인지에 대해서도 함께 읽고 마음을 나누기 시작했다. 그것은 그만큼 두려움이 깊었고, 그에게도 나에게도 집에서 그것을 가르쳐줄 이가 없었던 까닭이다.

결혼식보다는 '결혼'을 준비하는 일에 중심을 두기로 하였거니와 우리에게 꼭 필요한 것을 최소한의 것으로 준비하기로 마음을 모든 터였기에, 혼수나 예단은 물론 드레스도 사진도 예물도 필요치 않았다. 다만 새로운 삶의 걸음을 시작하는 우리 두 사람의 마음을 담고, 우리가 지어가고 싶은 '가정'의 모습을 그리고, 그 '살림살이'를 위해 우리에게 필요한 최소한의 물품들을 적어 청첩장 대신 소중한 벗들과 공동체에 편지를 띄우기 시작했다.

어떤 이는 그 편지를 읽고 자취방에서 쓰던 칼과 도마며 작은 자취용 냉장고를 나누어주었다. 어떤 선배는 유학을 앞두고 그도 물려받아 썼다는 오래된 세탁기를 보내주기도 했다. 오랜 길벗인 화가 목사님은 하나하나 귀히 장만했다는 아름다운 도자기들과 손수 그린 그림 한 점을 나누어주시며 우리에게 아내가 된다는 것, 남편이 된다는 것에 대하여 아버지처럼 가르쳐주시기도 했다. 우리가 첫걸음을 함께할 사당동 반지하의 작은집에는 그렇게 벗들이 보내준 손때 묻은 혼수들이 쌓여갔다.

하루가 멀다 하고 후배며 친구들이 와 페인트칠부터 주워온 물건을 리폼하는 일까지 날마다 잔치 같은 일상이 펼쳐졌다. 웨딩

사진도 예물도 필요 없다는 우리의 단출한 결혼식에 사진을 찍어 주겠다는 분이 나타나기도 하고, 오랜 벗들은 마음의 기념을 위해 소박한 결혼 반지를 마련해 주기도 했다. 한 장의 접시에서 눈부신 웨딩드레스까지 소박하고 가난한 결혼을 생각하며 길을 나선 우리 앞에 매일매일 놓이는 선물 보따리는 우리의 두렵고 떨리는 마음 위에 날마다 부어지는 축복 같은 것이었다. 한 사람의 결혼이, 한 가정의 시작이 얼마나 큰 축복과 사랑을 받을 때 가능한 것인지를 그렇듯 소중히 가르쳐주는 여정이었던 것이다.

그러나 그 아름다운 결혼 준비의 여정 속에서도 나는 자주 멈추어 서곤 했다. 한 사람과 평생을 함께하는 언약의 공동체를 세워 간다는 일에 대한 두려움, 이제 만난 지 1년 남짓한 이 사람과 평생을 살아가기로 하는 이 엄중한 약속에 대한 두려움, 무엇보다 결혼, 가정, 부모가 된다는 일에 대한 두려움, 사랑이라는 것을 알면서도 결혼을 통해 가정이라는 견고한 집을 지어간다는 일에 깃들기 시작하는 두려움을 어찌할 수가 없었던 까닭이다.

성숙하고 지혜로운 사람이었으나, 또한 한 사람의 남자인 그의 모습 위에 겹쳐지는 내 생에 깃든 남자에 대한 상처와 두려움들…… 그 차가운 기억들이 깊은 강의 바닥에서 떠오를 때면 마음이 혼미해져 그를 붙잡고 결혼이 두렵다며 온몸이 흔들리도록 격한 울음을 토해내기도 했다. 그런 어느 날 밤 그가 깊은 목소리로 물었다.

"많이 아프고 많이 힘들었을 당신의 지나온 날들을 헤아릴 때면 한없이 마음이 아파요. 당신 속에 깃든 그 아픔들이 그토록 크고 무겁게 당신을 누르고 있는 줄은 미처 몰랐어요. 하지만 이제 새로운 집을 지어가려면 그 두려움을 마주봐야 해요. 그 두려움의 언덕을 넘지 못하면 결혼이라는 새로운 시간의 문을 열 수가 없어요. 잘 보세요. 그리고 잘 답하세요. 당신이 지금 두려워하는 것이 저라는 사람의 인격인가요? 아니면 저와의 결혼 속에 깃들지도 모를 지나온 당신의 삶에서 겪은 당신 아버지의 모습인가요?"

지나온 시간들에 대한 아픔과 다가올 시간들에 대한 알 수 없는 두려움의 경계 위에 내려앉은 그의 물음…… 그 물음은 가만히 내 두려움의 근원에 내려서기 시작했다. 그것은 내 속의 무성한 두려움들의, 그 혼란의 경계에 거짓말처럼 내려서 본질과 비본질의 경계를 보리밭 이랑처럼 선명히 가르기 시작했다. 그러자 천천히, 내 속의 오래고 녹슨 어떤 문 하나가 열리기 시작했다. 두터운 기억의 숲 너머 다른 내가 보이기 시작했다.

누군가를 사랑하는 일도 사랑을 받는 일도 피할 수만 있다면 피하고 싶었던 아이, 오랜 기억 속에 감추어진 한없이 사랑받고 싶었던 아이, 아버지의 손을 잡고 어리광을 부리며 놀이동산에 가고 싶었던 아이, 엄마의 옷이 더러워지든 말든 엄마 품에 낭창낭창 뛰어들고 싶었던 아이, 엄마의 신발을 닦는 대신 엄마가 빨아주는 운동화를 신고 나들이를 나서고 싶었던 아이, 엄마를 이해하려 애쓰는 대신 엄마에게 투정을 부리고 애교를 떨고 싶었던 그 아이가 오래고 녹슨 정원의 문을 열고 한 걸음씩 한 걸음씩 햇살 속으로 나아가기 시작했다. 그 아이를 그토록 오래 그 그늘진 곳에 가두고 있는 것은 나였음을, 그 녹슨 문을 열어주어야 할 사람도 나였음을 그 밤에 그렇듯 아프게 마주한 것이다.

"괜찮아요, 애썼어요. 이제 그렇게 애쓰지 않아도 괜찮아요. 두려워하시 않아도 괜찮아요. 사랑은 모든 두려움을 내어 쫓는다는 말씀을 나는 믿어요. 당신이 두려워하는 것이 내가 아니라 끝내 당신을 사랑해 줄 수도, 지켜줄 수도 없었던 당신의 아버지였다면, 괜찮아요. 이제 그 두려움 대신 지금까지 당신이 만나고 경험한 나를 믿어요. 무엇보다 사랑을 믿어요."

그제야 제 사랑의 근원어가 사랑이 아니라 두려움에 놓여 있었음을, 결혼을 준비하고 있었으나 그것은 나아감이 아니라 물러섬이었음을, 신뢰가 아니라 의심이었음을, 사랑이 아니라 보장을 바라는 마음이었음을 하나하나 헤아리기 시작했다. 결혼을 위해 준비해야 할 것은 살림과 가구가 아니라 두려움으로 가득 찬 마음을 버리고 그곳에 새 집을 지을 수 있도록 맑은 비움의 공간을 마련하는 것임을, 그렇듯 아프게 배우고 익힌 것이다.

세 가지 물음

그와 함께 시작한 여행이 어느새 열다섯 해…… 첫차를 타고 나가 막차를 타고서야 돌아오는 일이 하루걸러 한 번 꼴인, 박봉과 격무의 시민 단체 생활로 인해 따뜻한 밥상 한 번 제대로 차려주지 못하던 가파른 시절들에도 사랑은 고통도 함께 감내하는 것이라며 불평 한마디 없이 견뎌준 사람이 그였다.

둘째를 낳고 뒤늦은 대학원 공부를 시작하겠다는 내게 자신의 대학원 등록을 한 해 미루고 내 등록금을 먼저 내주었던 사람 또한 그였다. 군목으로 해마다 근무지를 바꾸어야 했던 때, 나는 서울에 남겠다는 결정을 했고, 때문에 우리는 3년간 주말 부부로 지내야 했다. 그러한 시간들을 지나면서도 그것이 내 삶의 길을 열어가고 그 길이 내 소명에 잇닿아 있는 것이라면 힘들지만 함께 가는 길이니 그 고갯마루를 올라보자며 두말없이 동의를 해주었던 것도 그였다. 이라크로 향하는, 생사를 가르는 여행의 길 위에도 그것이 당신이 가야 할 길이고 당신의 소명이라면 가야 하지 않겠느냐며 먼 길 떠나는 아내를 평안 가운데 보내준 이도 그였다. 그런 그와 함께한 15년, 해마다 결혼기념일이면 함께 나누었던 세 가지 물음을 올해도 어김없이 꺼내어 그 물음 앞에 서로를 마주한다.

"지금 사랑하고 있는가?"
"지금 성장하고 있는가?"
"지금 행복한가?"

다만 달라진 것이 있다면 이제 그 세 가지 물음 앞에 서는 사람이 두 사람이 아니라 다섯이라는 것이다. 열다섯 해의 시간 속에 깃든 새로운 여행자인 세 아이는 우리에게 날마다 맑은 눈빛으로 같은 물음을 던지며 하루하루를 함께 살아간다. 조금 더 긴 여행을 한다면 저 아이들 또한 새로운 시간의 문을 열기 위해 사랑하는 이의 손을 붙들고 우리 앞에 서는 날이 올 터이다. 그날이 오면 나는 아이들에게 어떤 축복이나 교훈 대신, 그 시간의 문을 열어갈 열쇳말이 담긴 오래된 봉투 하나를 건네주고 싶다.

세로운 시간의 문을 여는 단 하나의 열쇠가 있다면 그것은 두려움을 내쫓는 온전한 사랑, 어떠한 경우에도 서로를 신뢰하는 믿음이라는 것을 가르쳐준 한 장의 편지를 담아……

나는 당신을 믿겠습니다.
당신이 어떤 일을 하든
당신이 어떤 선택을 하든
나는 당신을 믿겠습니다.
하나님이 당신을 믿듯
나도 당신을 믿습니다.
내가 할 수 있는 것은 기도뿐이지만
우리가 함께한다는 것을 기억하시기 바랍니다.
무사히 돌아오십시오.
짧은 운동이 아니라 긴 호흡으로 오랜 걸음을 걸어야 하기에
자신을 돌보기 바랍니다.

걱정보다는 기도를
계획보다는 인도를
과시보다는 직시를……

생태, 평화, 영성이라는 당신의 화두에 맞는
당신의 행보가 되기를 바라며
마음의 사랑을 당신에게 보냅니다.
사랑합니다.
―긴급 구호를 위해 이라크로 다시 가는 당신을 멀리서 배웅하며,
  2003년 4월 도영 드림

사랑 안에 두려움이 없고
온전한 사랑은 두려움을 내어 쫓나니……
―〈요한일서〉 4장 18절 중

무엇을 결혼시키고
무엇을 이혼시킬 것인가?

• 서윤영

서윤영은 인류가 달에 착륙을 하던 즈음에 이 세상에 태어났다. 서울에서 올림픽이 열리던 해에 대학생이 되었는데, 본래는 한국외국어대학교와 대학원을 다녔지만, 성수대교와 삼풍백화점이 무너지던 무렵에 건축으로 전과하여 명지대학교 대학원을 졸업하였다. 졸업을 할 무렵 외환 위기가 있었지만, 그에 굴하지 않고 취업과 결혼을 거의 동시에 하여 지금에 이르고 있다. 아이를 낳지 않은 대신 다섯 권의 책을 아이처럼 낳아 길렀으며, 고려대학교에서 박사과정 공부를 하고, 현재 홍익대와 인하대에서 강의를 하며 더욱 풍요로운 다산을 계획하고 있다. 지은 책으로는 《건축, 권력과 욕망을 말하다》《우리가 살아온 집, 우리가 살아갈 집》 등이 있다.

아내의 서재

"자녀분이 몇 살이세요?"

난데없는 질문에 흠칫 놀라 아이가 없다고 대답했더니, 재차 상냥한 질문이 날아온다.

"그럼 어느 분이 쓸 책상을 찾으세요?"

내가 쓸 책상이라는 말에 이제는 그녀가 놀란 눈치이다.

"혹시 결혼하신 주부님 아니었어요?"

"결혼한 거 맞고요, 그리고 제가 쓸 책상 고르고 있는데요."

내 말이 무어 잘못되기라도 했는지 그녀는 한참이나 머리를 갸우뚱거리다가 이내 다른 쪽으로 가버렸다. 그리고 다시 들려오는 그 아름다운 목소리, "자녀분이 몇 살이세요?"

새 천 년을 앞둔 1999년, 나는 한 남자의 아내가 되었다. 사당동에 마련한 방 두 개짜리 스물네 평 아파트를 이른 봄부터 들락거리며 하나는 침실로, 또 하나는 공동 서재로 꾸며서 신접살림을 시작했는데, 서재를 함께 사용하는 것이 그렇게 불편한 노릇인지 뒤늦게야 알고 말았다.

　주방에 놓을 식탁이 2인용인지 4인용인지, 안방에 놓을 장롱은 열 자인지 열두 자인지, 세탁기와 냉장고, 한 세트로 모양을 맞춘 침대와 화장대, 텔레비전과 소파까지 친정 부모가 세심하게 챙겨 준 혼수 목록. 그러나 그 목록에는 서재에 놓을 책상과 책장은 포함되어 있지 않았다. 모자라는 것을 함께 채워가는 것도 신혼의 재미다 싶어, 새로 유행하기 시작한 인터넷 쇼핑몰을 뒤져 커다란 책장과 둘이서 나란히 사용할 2인용 책상을 주문해 놓고 기다릴 때까지만 해도 좋았다. 막상 그것들이 도착해 책상 앞에 의자 두 개를 놓고 나란히 앉아보니, 무언가 몹시 불편하다는 것을 알게 되었다.

　한 사람이 일기를 쓸 때, 다른 한 사람은 그 옆에서 인터넷 검색을 한다? 한 사람이 책을 읽을 때, 다른 한 사람은 그 옆에서 컴퓨터 작업을 한다? 한 사람이 게임을 할 때, 다른 사람은 그 옆에서 공부를 한다? 그때서야 비로소 깨달았다. 서재는 부부가 함께 쓸 수 없다는 것을. 침실을 같이 쓰는 내외간에 어째서 서재를 함께 쓸 수 없느냐고 묻는다면, 글쎄, 사랑하는 사람끼리 1인용 욕조 안에 함께 들어갈 수는 있어도, 한 사람이 화장실 변기에 앉아 있을 때 다른 한 사람이 그 옆 세면대에서 이를 닦을 수는 없지 않느냐고 말할 수 있으려나. 그때 우리 집 서재는 정말 화장실과 같았다. 한 사람이 그 방을 사용하고 있으면 다른 한 사람은 거실에 앉아 서 비우기를 기다렸고, 마침내 참다못해 "언제까지 쓸 거야, 빨리 좀 나올 수 없어?"라는 말까지 튀어나오고 말았다. 그 바람에 1년도 채 지나지 않아 새 집을 구하러 다녀야 했다.

"그래, 이 방을 아이 방으로 쓰면 되겠다. 정말 아기 방으로 아주 딱 알맞은 방이구나."

부부가 각자의 서재를 사용할 요량으로 세 개의 방이 있는 집을 마련했는데, 별안간 집을 옮긴다는 말에 남편의 두 누님들은 무언가 지레짐작을 한 모양이었다. 이사 가는 새 집을 둘러보며 별스럽게 기쁜 표정을 숨기지 못하던 누님들이 마침내 그 속내를 끄집어내었다. 이럴 땐 별수 없이 남편이 나서야 한다.

"누나, 그게 아니고, 이 방은 서재로 쓸 거야."

"서재? 그건 저기 저 방을 쓰면 되잖니?"

"그건 내 서재로 쓰고, 그리고 이 방은 윤영이가 쓸 방이야. 이제 우리는 각자 방을 따로 쓸 거야."

순간 누님들의 얼굴이 당황과 실망으로 얼룩지고 있었다.

"아니, 무슨 서재를 둘이 따로 쓴단 말이니? 아이 방은 안 만들 거야? 얘, 그게 아니고 혹시, 너희들 내외간에 서로 각방을 쓰겠다는 심산이니?"

별 희한한 집구석을 다 보았다는 표정으로 누님들이 돌아가면서 했던 '아이 방' 이야기를 다시 들을 일이 없다고 생각했는데,

내 방에 놓을 책상을 사러 간 날 다시 그 이야기를 들어야 했다.
"자녀분이 몇 살이세요?"

그러고 보면 가구점의 그녀가 마뜩찮은 표정을 지은 것도 무리는 아니었다. 인터넷을 통해 뒤져본 서재 가구는 하나같이 남성용 일색이라 색상도 어둡고, 무엇보다 체격이 작은 내 몸에는 잘 맞지 않았다. 여성용 서재 가구는 아무리 찾아보아도 없어, 가구점에 직접 찾아가 예쁘고 작은 책상을 보고 있노라니 그것이 아동용 가구였던 모양이다. 도리 없이 그것들을 사다가 서재를 꾸며놓으니, 때로 중학생 소녀가 쓰는 방처럼 어여쁘기도 하지만, 더러 오해를 하는 사람이 있었다.

"남편이 뭐하는 분인데, 공부방을 혼자서 두 개나 쓴대요?"

도우미 아주머니까지 불러 함께 대청소를 하던 날, 한참 내 서재에 걸레질을 하던 아주머니가 "그럼 아이는 아직 없는 거요?"라고 말끝에 물었다. 나는 조금 당황했지만 크게 놀라지는 않고, 다만 "이 방은 제가 쓰는 거예요"라고 짧게 대답했더니, 잠시 뭔가 생각하던 아주머니는 혀까지 끌끌 차며 말했다. "너무 걱정하지 말구려, 곧 아이가 생길 테니. 원, 세상에, 얼마나 아이가 갖고 싶으면 아직 태어나지도 않은 아이 방을 미리 만들어놓았을까."

결혼 후 몇 번 이사를 다니다 보면, 우리 사회에서 여성의 서재, 아내의 서재가 어떤 의미를 갖는가를 이렇게 온몸으로 깨닫게 된다. 그것은 아예 존재하지조차 않는 방이었다. 여성은 남편과 함께 공동의 서재를 쓰기 때문에 집 안에 서재는 하나로 충분하며, 만일 두 개의 서재가 마련되어 있다면 그것은 둘 다 남편의 서재이 거나 혹은 태어나기를 간절히 기다리는 마음에 미리 만들어놓은 아이의 방이었다. 만약 아내가 남편의 서재와 별도로 독립된 서재를 가졌다면 그것은 남편과 문제가 있어 각방을 쓰는 경우이거나, 아니면 매우 이상하고 반항적인 일이었다.

물론 우리나라의 주택 사정상 남편과 아내가 공동 침실 외에 별도의 서재를 갖는다는 것이 현실적으로 어려우며, 대개의 경우 여유 방 하나를 공동 서재로 꾸며 온 식구가 함께 사용하면서 더 큰 기쁨을 누릴 수도 있다. 아니 별도로 독립된 자신만의 서재가 필요하지 않고 오히려 남편과 함께 쓰는 공동의 서재에서 더 큰 기쁨을 느낄 수도 있지만, 그것이 불가능한 사람도 있었다. 도저히 끊어버릴 수 없는, 내 방에 대한 집착, 때로 나 자신조차도 그 근원이 궁금했던 질긴 집착.

남편 성을 따르지 않는 여자?

중학교 영어 시간, Mr. Mrs. Ms.의 차이를 설명하며 여자 선생님은 유난히 자랑스러워하고 있었다.

"여성이 결혼을 하면서 남편의 성을 따르는 미국과 달리, 한국에서는 결혼을 해도 여성의 성이 바뀌지 않는답니다. 끝까지 자신의 이름을 간직하고 살지요. 그러니까 여러분도 저를 'Mrs. 전'

이라고 부르세요. 미국식이라면 남편의 성을 따라 'Mrs. 김'이 되겠지만, 그러나 여기는 한국, 나는 'Mrs. 전'이랍니다."
　결혼해도 남편 성을 따르지 않는 여자? 끝까지 자신의 이름을 간직한 여자? 그러나 어느 한국 여자가 결혼 후 "Mrs. ○"이라고 불리는가, 그저 "○○ 엄마"인 것을. 그나마 미국에서는 남편이라도 이름을 불러주지만, 한국에서는 시부모에 친정부모, 남편까지 "○○ 엄마"라 부르는 것을. 여성 모두는 결혼과 동시에 제 이름을 잊어버리고 만다. 남편과 함께 살면서 처녀 적 혼자 쓰던 방을 잃어버리고, 아이를 낳아 "○○ 엄마"가 되는 것으로 자신의 이름을 잊어버리니, 내가 결혼 후에도 나만의 방을 갖기를 소망했던 것은, 기실 내 이름을 잃지 않기 위함이었다.
　아동용 가구를 사서 꾸며놓은, 태어나지도 않은 아이 방 같은 서재에서, 내 이름을 단 첫 책과 두 번째 책이 나왔다. 사람들은 흔히 건축가의 집은 어떻게 생겼을까 궁금해 하는데, 그것이 여성이고 보면 그 궁금증이 더 커지는 모양이다. 작가의 집이 보고 싶다고 방문한 기자들은, 그러나 됫박만한 내 서재에 카메라 삼각대가 들어가지 않아 애를 먹었다. 도리 없이 내 방보다 더 넓은 남편의 서재에 나를 앉혀놓고 사진을 찍는데, 남편의 큰 의자 위에 덩그러니 올라앉은 나는 바닥에 발이 닿지 않아 힘껏 까치발을 돋우어야 했다. 그 불편한 발돋움이 싫어 조금 더 넓은 집으로 이사했고, 그리하여 나의 서재가 남편의 서재보다 더 커지던 날, 남편의 회사

동료들을 초대하여 집들이를 했다.

"축하합니다"라는 말과 함께 우르르 들이닥치는 그들의 손에 휴지와 세제 외에 무언가 다른 것이 들려 있었다. 서점에서 사온 책, 내 이름이 책등에 박힌 그 책들. "내 평생에 저자의 친필 사인이 들어간 책은 처음 받아본다"고 좋아하던 이들을 바라보고 있자니, 지금 이것이 집들이인지 출판기념회인지 갑자기 모호해졌다. 새 집을 한 바퀴 둘러본 남편의 후배가 내게 물었다. "그런데 왜 형수님은 과장님이랑 방을 따로 쓰세요?"

2003년에 첫 책을 내었을 때보다 이태 뒤 두 번째 책을 내었을 때 내심 더 기뻤던 이유는, 내가 이 일을 어엿한 직업으로 가질 수 있다는 확신 때문이었다. 어쩌다가 책 한 권을 내고는 더 이상 후속작을 내지 못해 잊히는 이들을 더러 보아왔던 터라, 2년 터울로 두 권의 책이 나오고 아울러 세 번째, 네 번째 책까지 출판사와 약속이 잡힌 상태라면 이제 이 일은 나의 직업이라 할 수 있었다. 남편의 서재가 퇴근 후 혼자만의 조용한 휴식을 위한 곳이라면 나의 서재는 일을 하는 작업 공간, 남편의 서재가 소비용 공간이라면 나의 서재는 생산용 공간이었던 것이다. 당연히 나의 서재는 별도의 공간으로 독립해야 했고, 남편의 것보다 훨씬 크고 좋아야 했다. 저자 사인본을 받아들고 그렇게 좋아했던 남편의 후배는 내가 직업 작가의 길을 걷기 시작했음을 모를 리 없을 텐데, 그런데도 여성의 작업실은 남편의 취미실과 동급으로 보였던 모양이다.

무엇을 결혼시키고
무엇을 이혼시킬 것인가?

따지고 보면 나는 운이 좋은 편에 속했다. 자신의 이름이 적힌 저서를 갖기 전에, 자신의 방을 먼저 가졌으니까. 대개 여성 작가들은 등단한 후에도 한참 동안은 베란다에 책상을 두고서 혹은 부엌에 놓인 식탁에서 글을 쓰며 울었다는 이야기를, 그녀들의 글에서 읽은 적이 있다.

그 후 5년간 그 방에서 세 권의 책을 더 쓰는 것으로, 내가 직업 작가라는 것을 더욱 확실히 하고 난 뒤 우리는 다시 이사를 했다. 이삿짐센터 사람들이 무엇을 가장 투덜대는지 여러 번의 이사 끝에 잘 알고 있던 우리는 두 가지 색깔의 포장 끈을 사서 이사 전날 미리 각자의 책을 붉은 끈, 푸른 끈으로 묶어두었다가, 이사 당일에는 "붉은 끈은 이 방으로" "푸른 끈은 저 방으로"라는 말만 하면 되었다. 이것으로 우리의 서재는 철저하고도 완벽하게 이혼을 한 것이다.

하지만 우리는 결혼을 한 것도 많았다. 본래 나는 보수적이고 오래된 것을 좋아하는 반면, 자칭 얼리어답터라 말하는 남편은 항상 새로운 것을 좋아한다. 해서 각자 처녀이고 총각이던 시절에 나는 수동 기어를 조작하는 자동차를 탔고 그는 자동 변속 자동차를 탔으며, 결혼 후에도 각자 그 자동차를 고스란히 가져왔다. 그 후 3년간 우리는 각자의 자동차를 고집하다가 그것들을 모두 폐차할

즈음이 되어서야 마침내 내가 고집을 꺾고 그 '오토매틱'이라 부르는 낯선 자동차를 운전하기 시작하는 것으로, 서로의 자동차를 결혼시켰다.

아울러 나는 손으로 조리개를 맞추는 수동 필름 카메라를 손때가 묻도록 들고 다닌 반면, 그는 '폴라로이드'라는 이름마저 발랄한 카메라를 처음 나오던 시절부터 애용해 왔다. 그런데 몇 년 전부터는 '디지털 카메라'라고 하는 게 나와서 얼리어답터인 그가 서둘러 그것을 장만했고, 이제는 내가 디지털 카메라의 조리개를 손수 조절해 가며 사진을 찍는다. 처녀 시절 내가 쓰던 망원 렌즈와 광각 렌즈를 고스란히 거기에 바꿔 끼워가면서.

12년 전 내가 그 남자와 결혼을 한 이래, 3년 후에는 서로의 자동차를, 5년 후에는 서로의 카메라를 결혼시켰다. 하지만 서재는 가장 먼저 이혼시켰다. 내가 그와 결혼을 했다고 해서 나에게 딸린 모든 것을 그에게 딸린 것과 결혼시켜야 하는 것은 아니다. 오히려 결혼시킬 것은 시키되 이혼시킬 것은 철저히 이혼시켜야 함을 짧은 인생 경험을 통해 배웠다. 물론 '무엇을 결혼시키고 무엇을 이혼시킬 것인가'라는 문제는 역시 서로 다를 것이라 생각한다. 마치 결혼을 함으로써 자신의 성까지 완벽하게 결혼시키는 유럽과 미국, 일본의 부부가 있는가 하면, 결혼을 하여도 자신의 성만은 끝내 결혼시키지 않는 한국의 부부가 있는 것처럼.

두번째 이야기 · · ·

결혼,
그 달콤 쌉싸래한 현실

결혼은 콩깍지든지 호르몬의 작용이든지, 이성적 판단을 할 수 없는 무엇인가에 흘려야 할 수 있다. 하지만 결혼의 과정은 무엇보다 이성적일 것을 요구한다. 결혼이란 어떤 계약적 사회보다 더 지독한 제도권으로의 진입이니까. 잔인하게 들릴지 모르지만, 대한민국에서 여성이 결혼을 한다면 99.99퍼센트는 지금까지 살아온 어떤 일보다 더 고생스러울 것이다. 결혼을 꿈꾸는 그대여, 자신이 참 수행의 길에 오를 각오가 되었는지 물어보라. 결혼이란 가장 처절하게 삶을 배우는 공간이며 시간이므로.

사냥꾼 남편과 슈퍼우먼 아내가
함께 늙을 가능성

• 임혜지

임혜지는 고등학교 때 가족과 함께 독일로 이주해 37년째 살고 있으며, 건축을 전공하고 건축사로 공학박사 학위를 받았다. 프리랜서로 문화재 실측 조사와 발굴 연구를 하며 글 쓰는 일을 하고 있다. 환경이 화두인 고집 센 독일 남자와 결혼하여 이제는 성인이 된 남매를 두었으며, 오십대 중반에 인생 후반부를 설계하기 위해 유치원 보육 교사 과정에 등록했다. 독일어로 건축사 전공 책을, 한국어로 《내게 말을 거는 공간들》《고등어를 금하노라》를 썼다. 생활 속의 소소한 즐거움을 '빨간치마네 집'(www.hanamana.de/hana)에 담아내고 있다.

이혼이라는 제도가 없었다면
결혼을 했을까?

"남편이 마초라서 속상해요. 딸은 한국 남자 말고 서양 남자랑 결혼했으면 좋겠어요."

처음 만난 독자의 푸념에 나는 펄쩍 뛰었다.

"어이구, 그런 말씀 마세요. 독일 남편은 뭐 살가운 줄 아세요? 게다가 쪼잔하기가 한국 남편 저리 가라예요!"

결혼 25주년의 은혼을 코앞에 두고 '이제는 돌아와 거울 앞에' 설 법한 나이가 되었는데도 나는 아직 남편 얘기라면 눈이 반짝이고 말이 빨라진다. 남편의 코고는 소리가 사랑스러워 자다 말고 배시시 웃다가도, 남편이 세 번만 연달아서 내게 상처되는 소리를 하면 밴댕이 소갈딱지에 활활 불을 붙여 이혼이란 극한 상황까지 쉽사리 떠올린다.

애초에 남편과 함께 늙을 생각은 없었다. 나는 이혼이라는 제도가 없었다면 결혼도 하지 않았을 것이다. 남편을 사랑해서 결혼했지만 언젠가 사랑이 식으면 떠나야 한다고 믿었다. 인간의 가장 파격적이고 창조적인 위력은 사랑에서 나온다고 믿는 사랑 예찬론자인 내게는 단순히 제도와 타성에 의해 유지되는 결혼 생활이란 사랑에 대한 모독이었다. 아무리 오래 함께 산 부부라도 사랑의 불씨를 잘 가꾸어야 하고, 그러기 싫으면 가차 없이 떠나는 것이 사랑에 대한 예의라는 나의 지론은 자식들이 태어난 후에도 변함이 없었다.

그에 반해 남편은 사랑이고 나발이고 다 종족 보존을 위한 감정의 장난일 뿐이고, 세상 남녀가 다 거기서 거기일 뿐이니, 한번 결혼했으면 대충 맞춰가며 사는 것이 개인에게 속 편하고 인류를 위해 이익이라고 믿는 사람이다. 모든 면에서 나와는 상극 중에 상극으로서 꼭 내 인생관에 모욕을 주려고 태어난 사람 같았다. 우리에게 위기가 닥칠 때마다 그가 악착같이 가정을 지키려고 노력한 것도 그간 내게 투자한 감정과 시간이 아까워서 그런 것 같았다. 손해 보기 싫어서, 이혼하면 아무래도 신경이 더 쓰이고 돈도 더 많이 드니까.

우리는 남들에 비해서 아주 늦게 집을 장만했다. 그것도 우리가 당장 들어가 살 수 있는 집은 너무 비싸서 엄두도 못 내고, 10년 후에나 입주가 가능한 아파트를 싸게 사서 다달이 은행 빚을 갚고 있다. 매매 계약서에 사인하러 가는 날, 남편이 갑자기 무서운 얼굴로 겁을 줬다.

"이봐, 지금 우리는 인생의 기로에 서 있어. 이 시점부터 당신은 인생관을 바꿔야 해."

"어머, 집 사는데 왜 인생관을 바꿔?"

"이제부터 우린 은행에 큰 빚을 지게 돼. 이 상태에서 이혼하면 생활비를 나눠야 하니까 우리는 빚을 못 갚고 집을 날리게 돼. 그게 얼마나 큰 돈인지 알아? 우리 인생은 끝장나는 거라구."

"아유, 기분 나쁘네. 이혼한다고 끝장나는 인생이 어딨어?"

"앞으로는 돈 때문에 절대로 이혼하지 못한다는 거 당신에게 미리 말해두는 거야. 이혼할 생각이 있으면 지금 당장 하라구. 사인하기 전에."

그날 우리는 정말로 이혼할 뻔했다.

서로 상극인 우리 부부는 살면서 하도 많이 부딪쳐서 두 사람의 이마에 난 뿔이 둥그렇게 닳았지만 그중에서도 가장 끝까지 가시처럼 남아서 상대방을 긁은 것은 돈 문제였다. 아이러니하게도 우리 부부는 다른 건 몰라도 돈에 대해서는 자유롭다고 자부하는 사람들이다. 우리는 자식들을 잘 키우고 인생을 여유롭게 가꾸기 위하여 돈 대신 시간을 선택하는 인생을 살았다. 돈이 되는 일보다 엄마 아빠로서의 시간이 넉넉한 일을 선택하려니 남편도 나도 출세 따위는 일찌감치 포기했고, 돈을 더 버는 대신 돈을 안 쓰는 습관이 우리 가정에 자리 잡았다. 물 한 방울 양파 한 알도 아껴서 쓰고, 케이크 한 조각도 꼭 나눠 먹는다. 웬만한 거리는 걷거나 자전거를 타고 다닌다. 이런 경제관을 그 누구 앞에서든 떳떳하게 드러내며 살아온 우리 부부가 안으로는 돈 문제에 민감하다니?

슈퍼우먼 콤플렉스와
사냥꾼 콤플렉스

아무래도 내겐 콤플렉스가 남아 있는 것 같다. 남보다 오랜 시간을 공부에 투자한 전문직 여성으로서 자기 가정 하나 먹여 살릴 능력이 없다는 사실을 나는 내심 부끄러워하는지도 모른다. 남편이 나보다 돈을 더 잘 번다는 사실에 배가 아파 '번듯한 직장에서 다달이 월급을 받아오는 남편, 너는 그래도 나보다 희생을 덜한 편이 아니냐?'고 유세하는 마음일지도 모르겠다. 이것은 돈의 문제가 아니라 현대 여성의 자존심이 걸린 문제일 게다.

그런 나의 속도 모르고 이 사람은 무슨 억하심정으로 내게 대고 돈, 돈 하는 걸까? 나는 돈이 부족하다고 불평한 적도 없고, 남편에게 지금 버는 돈도 다 못 쓴다며 일 더 하지 말라고 말리는 판이다. 그리고 우리는 지금 인생에서 경제적으로 가장 안정된 황금기를 누리고 있다. 그런데도 남편은 돈 걱정을 사서 한다. 그는 우리 세대의 노후가 대단히 열악할 것이라 점치고 있고, 경제 대란이 닥쳐서 소수의 승자와 다수의 패자가 갈릴 적에 우리가 패자에 속하게 될 것을 걱정하고 있다. 아니, 돈이 그 문제를 해결해 줄 것 같으면 당장 나가서 땅이라도 파야지, 왜 집안에 앉아서 마누라 속이나 긁고 있나?

나는 남편이 돈 걱정을 사서 하는 이유를 아주 우연한 기회에 알게 되었다. 우리 부부는 일주일에 두 번씩 동네 댄스 학원에서 춤을 배우는데, 그날도 우리는 손잡고 걸어가면서 이런저런 대화를 나눴다.

"우리는 언제까지 춤출 수 있을까? 한 사람이 죽을 때까지?"

"왜? 나 죽으면 당신은 금방 좋은 여자 만나서 계속 춤추며 살 텐데."

"당신 빼고 어느 여자가 날 좋다 그러냐?"

"어머, 나 죽으면 당신 앞에 여자들이 줄을 설 텐데? 당신이야 최고 남편감이지."

무심코 한 소리인데 남편이 반색을 하며 이유를 묻기에 나는 별생각 없이 주워섬겼다.

"잘생겼겠다, 돈 잘 벌겠다."

나는 좋은 남자의 덕목이 잘생기거나 돈을 잘 버는 것이라고 생각해 본 적이 없기 때문에 이런 말을 입에 올리는 것이 낯간지러웠지만 심각하게 인생관을 논하는 자리도 아니라서 그냥 입에서 나오는 대로 말했다. 경박한 인생관을 가진 여자라고 핀잔 들을지도 모른다는 생각이 언뜻 스쳤다. 그런데 뜻밖에도 남편 가슴이 앞으로 쑥 나오는 것이 아닌가? 그날 남편은 얼마나 춤도 잘 추고 서비스도 좋았는지 모른다. 긴가민가해서 나는 그 후 같은 말을 또 해봤다. 그럴 때마다 남편은 어깨를 쭉 펴고 벙글벙글 웃었다.

 이게 무슨 조화람? 남편은 남편대로 자기만의 콤플렉스와 싸우고 있었던 것이다. 내가 현대의 산물인 '슈퍼우먼 콤플렉스'를 앓고 있다면, 남편은 구석기 시대에 가족의 생존을 책임졌던 '사냥꾼 콤플렉스'를 앓고 있었다. 현대 여성인 나는 남편에게서 구석기 시대 사냥꾼의 역할을 요구하지 않았지만, 남편은 여전히 유전자의 지배를 받아 본능적인 불안감에 시달렸다. 이 본능적인 불안을 잠재운 것은 그간 내가 입이 닳도록 말해온 "당신은 돈 잘 벌 필요 없어"(당신은 사냥꾼이 아니야)가 아니라 "당신은 돈을 잘 벌어"(당신은 힘세고 사냥 잘하는 수컷이야)라는 말 한마디였던 것이다. 내 거울에 비치는 자신의 모습이 '훌륭한 수컷'이라는 것을 확인했을 때 그는 비로소 안심했던 것이다.

 유전자의 지배를 받기로는 사실 나도 마찬가지였다. 남편이 나를 먹여 살릴 것을 바라지 않는다고 해서 내가 유전자를 극복한 것은 아니었다. 나의 '슈퍼우먼 콤플렉스'는 세상을 향한 것이 아니라 남편을 향한 것이었다. 세상 사람들이 나에 대해서 뭐라고 말하는 것이 두려운 게 아니라 오로지 남편 한 사람이 나를 능력 없는 여자라고 생각할까 두려웠던 것이다. 사냥꾼에게 버림받아서 자식들을 굶겨 죽일까봐 전전긍긍하는 구석기 시대의 동굴녀처럼.

그래서 남편의 본능적인 생존 불안감이 내 귀에는 "너도 다른 여자들처럼 돈 좀 벌어와"라는 돈타령으로 들렸다. 내 인생을 살기 좋게 바꾸어주신 법륜 스님의 말씀에 의하면 그 사람은 자기 업장에 따라 그렇게 행동한 것일 뿐이고, 나는 나의 업장에 따라 그렇게 반응한 것일 뿐 서로 시비할 일이 아니다. 그런데 우리는 끊임없이 시비하며 상처를 주고받는다.

한때 내가 남편의 돈 소리에 유난히 예민하게 반응하던 때가 있었다. 한반도 대운하 때문이었다. 그렇지 않아도 알량하던 나의 수입은 한국에서 벌어지는 한반도 대운하 사업 이후로 대폭 줄었다. 한국 정부에서는 사업을 무리하게 밀어붙이느라고 독일의 하천 정책에 대한 정보를 많이 왜곡했으므로 나는 잘못 알려진 정보를 바로잡는 글을 써서 한국의 언론에 자주 발표했다. 이때 나는 지식과 정보를 저작권에 제약받지 않고 자유롭게 퍼뜨리기 위하여 언론사에 원고료를 요구하지 않았다. 남편은 아무 말도 안 했지만 난 쪼잔한 남편이 속으로 불만일 거라고 생각했다. 그래서 남편이 돈 얘기를 하면 내 쪽에서 지레 가시를 세웠다.

구원은 엉뚱한 곳에서 왔다. 정부에서 한반도 대운하를 포기한다고 선언했을 때 남편은 한국에서 하마터면 운하 건설로 허무하게 날렸을 뻔한 큰돈이 굳은 것을 매우 다행스럽게 여기며 자기 일처럼 좋아했다.

"한국은 큰돈 벌었네. 당신은 그간 돈 한 푼도 안 받고 글을 써서 알렸는데, 이거 불공평한 거 아닌가?"

이때 남편의 붕어빵인 아들이 빙긋이 웃으며 참견했다.

"아니지, 아빠. 그게 옳은 거야. 엄마는 이 일로 인해서 단 한 푼도 이익을 보면 안 되는 사람이거든. 앞에 나서서 반대한 사람이 그 일로 돈을 벌면 앞으로 누가 그 사람 말을 믿겠어?"

남편은 괜히 농담했다가 바른말 하는 아들에게 무안만 당했다. 농담히면시도 돈, 돈 하더니 쌤통이다. 우리 집에서는 한번 정리된 사안은 계속해서 통한다. 아들 덕분에 나는 그날 이후로 원고료에 대한 부담감을 깨끗하게 덜었다.

그런데 산 넘어 산이었다. 정부에서는 한반도 대운하를 포기한다고 하더니 넉 달 후에 똑같은 설계를 내놓으며 이제는 4대강 사업이라고 했다. 독일 하천에 대한 정보는 한국 정부에 의해 더욱 대담하게 왜곡되었다. 나는 다시금 매달렸다. 글 하나를 제대로 쓰기 위해 공신력 있는 독일 자료를 수없이 찾아 읽고 독일의 하천 전문가들에게 조언을 구했다. 때마침 개인적으로 바쁜 때여서 내가 밤잠을 줄여가며 4대강 사업에 매달리는 것을 보고 남편은 걱정하기 시작했다. 어느 날 남편이 화를 내며 정식으로 나를 말렸다.

"한국 사람들이 자기 돈으로 자기 나라 땅에서 공사한다는데 당신이 왜 참견이야? 이런 식으로 거품 성장을 유도하고 정권을 유지하는 정경유착의 오랜 풍토를 당신이 어떻게 바꿀 수 있어? 되는 일을 해라, 이 돈키호테야."

"환경과 미래를 팔아 정권을 유지하는 토건 국가로 남아 있다가는 언젠가는 재앙이 크게 터진다는 거 당신은 몰라?"

"알지. 그렇지만 그 고리를 끊는 일은 커다란 희생을 요구해. 한국 사람들이 그걸 차마 자신의 세대에서 이룰 자신이 없어서 자식 세대로 넘기겠다고 결정하면 당신이 그걸 어쩔 수는 없는 거야. 그 희생의 대가는 시간이 갈수록 눈덩이처럼 불어나지만 그건 한국에 사는 사람들이 결정할 몫이야. 당신은 국적은 한국인이지만 그 땅에 살면서 희생을 함께해야만 하는 사람은 아니거든."

남편의 말에는 틀린 것이 없었다. 남편에게 말로 이기는 것이 중요한 게 아니라 나의 사고를 정리하고 판단하는 것이 중요했다. 나는 생각에 잠겼다가 잠시 후에 입을 열었다.

"내 목적은 4대강 사업의 반대에 있는 게 아니라 진실을 알리는 데 있어. 독일 하천 공사의 실패 사례가 한국에서 본받아야 할 성공 사례로 둔갑하여 국민을 속이는 상황을 바로잡는 일, 딱 거기까지가 해외 동포로서 내가 할 일이야. 한국 국민들이 4대강 사업 이후에 어떤 일이 일어난다는 것을 제대로 안 뒤에도 4대강 공사를 계속하겠다면 그때는 나도 상관하지 않겠어."

남편은 아무 말도 하지 않았지만 내 말에 수긍했는지 눈빛이 부드러워져 있었다. 그날 이후로 남편은 싫은 소리 없이 나를 도와주었다. 일하고 와선 집안 살림까지 도맡아서, 내가 돈도 안 되고 성과도 없는 글을 꾸준히 쓸 수 있도록 독려했다. 독일의 프라이부르크 대학에서 한국의 4대강 공사를 예로 들어 역행 침식(두부 침식) 현상을 연구하는 세미나가 열렸을 때 회사에 결근계를 내고 새벽 기차를 타고 가서 동영상을 찍어왔다.

나는 4대강 사업 덕에 남편에게서 인정받고 있다고 생각한다. 동굴녀의 본능이 충족되니 '슈퍼우먼 콤플렉스'가 치유되는 느낌이 든다. 오래전 물리학 강연회에 갔을 때 남편이 쟁쟁한 대학 교수들에 홀로 맞서며 원전 반대를 주장하는 모습에서 난 이미 힘세고 야성적인 사냥꾼을 보았다.—남편은 그것도 모르고 아직도 가끔씩 엉뚱하게 돈타령이나 하지만—동굴녀인 나는 남편과 의견을 맞춘 일이면 세상이 다 반대해도 확신을 가지고 추진할 수 있다.

상대방이 양심을 지킬 수 있도록 격려하는 행위도 어쩌면 사랑인지 모른다. 파격적이고 창조적인 힘을 이끌어내니까. 동굴녀와 사냥꾼의 본능을 충족시켜 주니까. 그런 사랑이라면 쉽게 식지 않을 것이다. 우리 부부가 함께 늙을 가능성은 우리에게 시련이었던 4대강 사업 덕분에 더욱 커졌다.

사냥꾼과
동굴녀의 사랑법

하지만 깨달음과 실천은 별개의 문제인지, 우리 부부는 중생답게 절대로 우아하지 않은 모습으로 여전히 아웅다웅하며 살고 있다. 어느 날 밤, 욕실에서 와장창하고 뭐가 엎어지는 소리가 났다. 평소 같으면 쫓아가 떨어진 물건을 같이 치우는 시늉이라도 했을 텐데 마침 싸움 끝에 냉전중이라 나는 '쌤통이다, 너 혼자 치워라' 하고 모른 척하고 침대에 누워 있었다. 나는 이불을 뒤집어쓰고 "빚 걱정하는 소리 듣기 싫어서 그놈의 집 확 팔아치울까 부다. 요즘 내가 돈 못 번다고 유세하는 거지, 너?" 하며 씩씩거렸다.

얼마나 시간이 흘렀을까? 깜빡 잠이 들려고 하는데 "혜지야, 나 좀 돌봐줘" 하는 절박한 소리가 들렸다. 놀라서 눈을 떠보니 남편이 이마에 피를 흘리며 허청허청 들어오는 것이 아닌가? 정신을 차리고 보니 자기가 욕실 바닥에 쓰러져 있더라고 했다. 나는 정신이 번쩍 들었다. 하마터면 남편이 죽어도, 나는 그것도 모른 채 고소하다면서 쿨쿨 자고 있었을 거 아닌가? 사냥꾼과 함께 지켜온 나의 동굴, 나의 세계가 통째로 사라지는 것도 모르고 나는 내 안에 난 상처만 들여다보며 이를 갈고 있었던 것이다.

이튿날 남편은 컴퓨터 앞에 앉아서 뭔가 열심히 계산하더니 담담하게 말을 꺼냈다.

"우리 은행 빚 거의 다 갚았더군. 당신, 돈도 없이 혼자 살려면 집이라도 있어야지."

나는 눈물을 참으며 말없이 고개를 끄덕였다. 난 남편에게 무슨 일이라도 생기면 집부터 팔아서 남편과 함께 남은 시간을 근사하게 보낼 궁리를 했는데……

살아보고
다시 계약하면 안 될까?

• 안건모

안건모는 1958년 서울에서 태어났다. 초등학교를 졸업한 뒤 공장 생활을 했고, 검정고시로 한양공고에 들어갔으나 2학년 때 중퇴하고 노동일을 했다. 군 제대 후, 1985년부터 서울에서 시내버스와 좌석버스 운전을 20년 동안 했다. 1997년 〈시내버스를 정년까지〉라는 글을 써서 전태일문학상 생활글 부문에서 우수상을 탔고, 그 뒤로 버스 운전을 하면서 겪은 일들을 《한겨레》와 월간 《작은책》에 연재해 《거꾸로 가는 시내버스》라는 책으로 엮어냈다. 현재 《작은책》의 발행인 겸 편집인으로 있다.

이런 남자, 이런 여자

내 둘레에는 결혼을 하지 않은 여자들이 정말 많다. 아니, 결혼 안 한 남자도 많은데 여자만 눈에 들어와서 그렇게 보이는지도 모른다. 남자는 하거나 말거나. 난 이성애자라 오직 여자만 눈에 보이는 걸까?

결혼을 하지 않은 여자들 가운데에는 스스로 하지 않겠다고 마음을 먹고 룰루랄라 즐기는 여자가 있는가 하면, 결혼을 하고 싶어도 남자를 못 사귀어 애태우는 여자도 있다. 또 애인과 섹스를 즐기면서 짜릿한 즐거움을 누리며 사는 여자도 있고, 남자에게 '필feel'이 없다고 사귈 생각을 안 해 섹스의 짜릿한 맛도 못 보는 여자가 있다. 반면에 섹스의 짜릿한 맛은 못 보지만 구속 없는 잔잔한 행복을 느끼며 사는 여자도 있다.

가끔 결혼을 하지 않은 여자들이 나에게 묻는다. "결혼을 하는 게 좋아요, 안 하는 게 좋아요?" 나는 어떻게 대답할까? 결국 내 경험에 비추어 대답한다. 내가 결혼해서 살게 된 과정은 여자들이 결혼을 해야 될지 안 해야 될지 결정할 수 있는 나침반으로 써먹을 만하다. 결혼을 꼭 해야겠다는 여자에게는 이런 남자 만나지 말라는 지침서가 될 수 있겠다. 아주 짤막하게 줄여 쓴다.

내가 스물여섯 살 무렵, 군대를 제대하고 난 뒤, 먹고살 일이 막막해 건축 현장에서 일을 하면서 운전면허증을 땄다. 어찌어찌 해서 가구점에 들어가서 가구 배달하는 화물차를 운전하게 됐다. 하루는 배달을 하고 밤늦게 퇴근하는데 어떤 아가씨가 007가방을 들고 걸어오고 있었다. 내가 일하는 가구점 옆 조그만 가게에서 경리를 하고 있는 아가씨여서 안면은 있었다. 나이는 스물두 살이었다. 007가방 안에는 클래식 테이프가 들어 있었다. 아가씨는 음악을 즐길 줄 아는 사람처럼 보였다. 늘 얼굴을 마주치면서도 말 한마디 못 붙이던 사이였지만 그날 나는 용기를 내서 말을 건넸다.

"커피 한 잔 합시다."

아가씨가 살짝 웃으면서 고개를 슬며시 외로 꼬았다. 나는 생각할 틈도 주지 않고 말했다.

"밑져봐야 본전 아니요?"

그것이 첫 만남이었다. 그 뒤로 우리는 일만 끝나면 만났다. 나는 개띠, 그 아가씨는 네 살 아래인 범띠. 서로 마음이 맞지 않아 늘 다투었다. 나는 생각이 단순하고 성격이 급하고 난폭했다. 아가씨는 생각이 깊고 알뜰했지만 고집이 황소고집이었고 말할 때 큰 소리를 질렀다. 두 사람의 공통점이라고는 서로 세상을 몰라 보수 성향이었다는 점이다. 그 아가씨는 보수 성향에다가 한 가지 더 있었다. 돈을 많이 벌어 우아하게 사는 텔레비전 속의 연예인들의 삶을 꿈꿨다. 아, 사실 나도 그랬다. 열심히 일하면 그렇게 될 줄 알았다. 아가씨는 연애할 때 어느 날 길에서 만난 나를 외면한 적이 있다. 내가 노동자 풍(?)으로 보이는 허름한 옷을 입어 창피했던 것이다. 일부러 그런 옷을 입은 게 아니고 정말로 살기가 어려운 시절이었다.

    그렇게 늘 다투면서도 사귀었고, 석 달 뒤 천마산으로 놀러가서 첫날밤을 보냈다. 우리는 둘 다 외로워서 그랬는지 바로 동거에 들어갔다. 아슬아슬한 줄타기를 하면서 헤어지지 못하고 같이 살았다. 사실 그때 싸운 것은 모두 내 잘못이다. 그 당시 나는 철이 없었다. 결혼식도 안 한 주제에 처음 찾아간 처갓집에서 같은 방에서 재워주지 않는다고 농성 아닌 농성을 해서 아내를 부끄럽게 한 적도 있다. 또 장모 될 사람이 시외버스 짐칸에 바리바리 싸준 쌀과 식자재를, 창피하고 자존심이 상한다며 터미널 바닥에 내려놓는 만행을 저지른 적도 있다. 또 동거를 하면서 여자가 어려운 살림에 보탠다고 부업을 하고 있는데 일할 때 사용하는 기계 소리가 시끄럽다고 그것을 부숴버린 적도 있다. 여자가 섹스를 거부하는데 강제로 해서 싸울 때도 있었다. 아이가 하나 태어난 뒤 또 둘째가 생겼는데 키울 자신이 없다고 내가 우겨 지워버렸다. 여기까지는 모두 내 잘못이라고 생각한다. 그 당시에 있었던 일은 평생 후회해도 사라지지 않는 기억이다. 그렇게 동거하다 5년 뒤 우리는 결혼식을 올렸다.

나는 버스 운전을 하면서 인문학 책을 보고 사회 돌아가는 꼴을 배우게 되면서 조금 철이 들었다. 아내가 도맡아 하던 집안일도 조금씩 도와주기 시작했고, 아내를 존중하는 사람으로 바뀌어갔다. 그런데 내가 철이 들었기 때문에 또 아내와 싸우는 이유가 생겼다. 권리 의식이 생기면서 어용 노동조합과 회사를 상대로 늘 싸우며 긴장 상태로 살았기 때문이다. 회사에서 떼먹은 임금을 받겠다고 소송을 걸면서 징계를 먹고, 나중에는 해고를 당하기까지 했다. 아내는 나보고 조용히 돈만 벌면서 살지 왜 그러냐고 늘 잔소리를 해댔다.

남자는 사회와 인문 쪽 책들을 보면서 점점 좌파로 바뀌어갔고, 여자는 보험설계사 일을 하면서 점점 우파가 돼갔다. 나는 버스 노조를 민주화시키려고 노동 운동을 했고, 아내는 돈을 더 많이 모으려고 애를 썼다. 서로 다른 길을 걷고 있는 셈이었다. 그것 때문에 더욱더 마찰이 생기기 시작했다. 나는 노동 운동만큼은 옳은 일이라는 걸 확신했기 때문에 마음을 바꿀 수가 없었다.

그래도 나는 일하지 않은 적이 없어 착실히 돈을 모았다. 게다가 운이 좋아 집도 한 채 장만할 수 있었다. 일산 허허벌판에 임대 아파트를 얻은 게 행운이었다. 그 임대 아파트를 분양받아 30평 아파트를 한 채 샀다. 아내가 보험설계사 일을 해서 돈을 좀 더 벌었기 때문에 살 수 있었는지도 모른다. 게다가 버스 운전을 그만두고 받은 퇴직금도 그대로 남아 있었다. 큰돈은 아니지만 어디 쓸 데도 없다. 아들은 이제 대학교 한 학기만 마치면 끝이다. 돈 들어갈 데가 없다. "나는 부자다" 하고 자랑하려는 게 아니다. 이 이야기를 왜 하느냐면, 이 정도면 아내와 싸울 일이 없을 것 같은데, 싸우기 때문이다.

사랑 싸움이라고?

이렇게 말하면 모르는 이들은 에구 싸워봤자 얼마나 싸우겠는가, 사랑 싸움이구만, 할지 모르지만 나는 정말 심각하다. 아내는 싸울 때 소리를 늘 크게 지른다. 조용조용 말로 하면 될 텐데 소리부터 지르는 것이다. 어떤 때는 손으로 내 머리를 쥐어박기도 한다. 나는 누가 강제로 억압하거나 소리를 지르면 참지 못한다. 게다가 머리까지 쥐어 박히면 꼭지가 돈다. 그렇다고 아내한테 손찌검을 할 수는 없다. 옛날에 한 번 손찌검 한 뒤 후회를 하고 절대 그러지 않겠다고 스스로 다짐했다. 결국 화를 못 참고 주먹으로 장롱이나 벽을 친다. 장롱을 쳐서 장롱 문짝이 찌그러진 적도 있고, 벽을 쳐서 내 주먹 뼈가 뒤틀린 적도 있다. 결코 사랑 싸움이 아니다.

나는 요즘에는 버스 운전을 그만두고 출판사에서 일을 한다.

집에 돈이 쪼들리거나, 노동조합 일로 회사에서 징계받거나 해고당할 걱정이 없어서 싸울 이유가 없어졌다. 그런데도 아내와는 여전히 싸운다. 요즘 아내와 싸우는 이유는 뭘까? 부부끼리 싸우는 까닭은 거창한 일이 아니다. 정말 하찮은 일로 싸운다. 몇 가지 사례를 들자면 이렇다.

우리 집은 화장실이 두 개다. 안방 화장실에서 가끔 내가 이를 닦을 때가 있다. 아내는 안방 화장실에서 이를 닦지 말라고 했다. 그 까닭을 묻자 아내는 거기에 있는 여행용 치약이 자기 것이니까 쓰지 말라는 거다. 그 여행용 치약은 거의 다 써서 버릴 때가 됐다. '왜 그걸 쓰지 말라는 거지?' 하고 궁금했지만 어쨌든 나는 다른 새 치약을 꺼내 썼다. 그런데도 아내는 또 그 화장실에서 이를 닦지 말라고 했다. 이유는? 거기 화장실이 지저분해진다는 것이다. 헉! 미치겠다. 그 화장실 청소는 내가 다 한다. 거기뿐이 아니라 집안 청소는 거의 다 내가 한다. 음식물 쓰레기도 내가 버리고, 쓰레기 분리 수거도 내가 한다.

나는 옛날 철이 없을 때와는 많이 달라졌다. "에이, 남자가 청소를 해봐야 얼마나 해?" 하는 사람이 있겠지만 내 깔끔 떠는 성격을 아는 사람들은 그런 소리 못한다. 그런데도 화장실이 지저분해진다고 이를 닦지 말라는데 도저히 이해를 할 수가 없다.

아내 말이 맥락이 안 맞아 싸울 때도 있다. 출판사에서 6년을 일하다 보니 책 보는 게 그렇게 좋을 수가 없다. 하루는 집에서 책을 보다가 말했다. 대화 내용이 눈에 잘 들어오게 하기 위하여 대화 내용을 이어서 올린다.

"요즘은 책 보는 게 정말 재밌네. 한 일 년 쉬면서 책만 봤으면 좋겠다."

"헌책방 운영하면 되지."

"헌책방 운영하면 돈 대줄 거야?"

"60세 지나서 정년 퇴직한 뒤 해야지."

"60세 지나면 돈 대줄 수 있어?"

"헌책방은 아무나 운영하나? 가겟세 내고 남기려면 몇백만 원은 벌어야 되는데 그럴 자신 있어?"

"근데 왜 책방을 운영하래?"

"그러니까 60세 넘어가면 하라니까."

"60세 넘어가면 몇백만 원 벌 수 있다는 말이야?"

"언제 60세 넘어가면 몇백만 원 벌 수 있다고 했어?"

또 이런 대화 때문에 싸울 때도 있다. 텔레비전을 보는데 삼성 이건희가 온갖 탈법과 불법을 동원해 경영권을 자신의 아들에게 물려주려 한다는 뉴스가 나오면 나는 흥분해 한마디 한다. 아내는 역시 반박한다.

"재벌들이 저래서 문제야."

"아니, 재벌들이 뭐가 문제야?"

"탈세는 밥 먹듯 하고 불법으로 자기 아들한테 경영권을 승계

해 주려는 게 문제 아냐?"
 "자기 돈 가지고 자기 마음대로 하는데 뭐가 문제야?"
 이래서 또 싸우기 시작한다. 이런 일이 되풀이되면 텔레비전을 보면서도 말을 꺼내기가 무섭다.
 이젠 가치관조차 달라졌다. 아내는 우리가 늙을 때를 대비해 미래를 위해서 살자고 하고 나는 현재에 충실히 살자고 한다.
 "늙으면 돈이 있어야지. 돈 없으면 어떻게 해?"
 "지금 우리 갖고 있는 돈이면 충분해. 평생 미래만 찾으면서 현재 불행하게 살래?"
 아내는 오로지 우리 식구만 잘살기를 바라면서 저축과 보험에 들기를 바라고, 나는 서민들이 모두 다 잘살기를 바라면서 서민을 위해 노력하는 정당과 시민·노동 단체에 가입하기를 바란다.
 "또 무슨 단체에 가입했는지 한 달에 만 원씩 빠지기 시작했네. 도대체 한 달에 얼마씩 빠져나가는 줄 알아?"
 "미군 몰아내고 우리 주권을 찾자고 싸우는 단체야. 그런 단체에 가입을 해야 통일도 되고 우리가 잘살 수 있어."
 아내는 보험 회사에서 상으로 받은 고급 호텔 숙박권을 쓰려고 속초에 가기를 바라고, 나는 추운 길거리에서 천막도 없이 노숙 투쟁하고 있는 학습지 노동자들한테 가기를 바란다.
 "당신이 학습지 노동자들 노숙 투쟁하는 데 찾아간다고 뭐가 달라져?"

"그 숙박권 가지고 하룻밤 호텔 가서 자면 뭐가 달라져?"

"그냥 한번 구경 가자는 거지."

"그런 돈 많은 놈들 드나드는 데 구경 가서 뭐 할 건데?"

이것도 가치관이 달라 싸우는 것이다.

이 글을 읽으면 나만 너무 잘난 체한다고 느낄지 모른다. 어찌 아내의 허물만 있으랴. 솔직히 아내가 없었다면 지금 난 어떻게 됐을지 모른다. 착하고 알뜰한 아내 덕분에 내가 이만큼이나마 먹고 사는지 모른다. 하지만 단순히 먹고살 만하다고 인생이 성공한 것은 아니다.

내 결혼 생활의 결과를 이야기하자면 성공 반 실패 반이다. 늘 다투면서 살고 있지만 헤어지지 않고 살고 있으니 반 성공이고, 서로 소 닭 보듯 각자의 삶을 살고 있으니 반 실패이다. 이야기만 하면 싸움이 일어나니 서로 말을 잘 주고받지 않고, 텔레비전도 같이 안 보고, 등산도 따로 간다. 솔직히 말하자면 무엇보다 섹스를 하지 않고 살고 있기 때문에 반 실패라고 하는 거다. 누가 "에고 저 질, 꼭 남녀 간에 섹스가 있어야 결혼 생활이 성공이냐?" 할지 모르지만, 글쎄다. 몸이 멀어지면 마음도 멀어진다고 섹스를 안 하니 애틋한 정이 없어지는 건 어쩔 수 없다. 그런데 섹스를 안 하는 게 내 나이 때문이라고? 글쎄다. 나는 새벽에 '거시기'가 일어나서 잠을 못 잘 정도로 팔팔하다.

결혼, 해야 하나 말아야 하나?

결혼을 해야 하나, 말아야 하나? 내 대답은 벌써 짐작하시겠지. "하지 말라"는 까닭이 세 가지가 있다. 첫째, 결혼을 하면 애틋한 감정이 없어진다. 지금까지 활활 타오르던 사랑의 불꽃이 스러진다. 섹스를 해도 짜릿한 느낌이 없다. 처음엔 짜릿해도 몇 년 못 간다. 남자뿐만이 아니라 여자도 마찬가지다. 어떻게 한 남자와 한 여자가 평생을 산다는 말인가. 남자든 여자든 자연스럽게 다른 이성에 끌리는 걸 결혼 제도라는 관습으로 묶어 다른 사람을 사랑하지 못하게 한다는 게 말이 되지 않는다.

둘째, 일부일처제는 결코 좋은 제도가 아니다. 어떻게 한 사람과 평생 사랑을 할 수가 있나? 이슬람교는 아직도 한 명의 남성이 네 명의 여성과 결혼할 수 있는 일부다처제를 허용하고 있고, 히말라야 오지에서는 한 명의 여성이 두세 명의 형제와 살 수 있는 일처다부제를 인정하고 있다. 어떤 사회학자는 인간이 발명해 낸 결혼 제도 중에서 가장 자연스럽지 못한 제도가 일부일처제라고 말하지 않았던가.

마지막으로, 결혼을 하지 말라는 또 다른 중요한 까닭은 우리나라 사회 현실이—특히 여자가—마음 놓고 결혼할 조건이 못 되기 때문이다. 자본주의 사회에서도 아주 질이 낮은 천민 자본주의 사회이기 때문이다. 사회의 주인이 되어야 할 노동자들을 오로지 이윤을 위해서 일회용 컵보다도 하찮게 취급하는 사회, 게다가 여성 노동자들은 일회용 컵 중에서도 한 번 쓰고 버린 일회용 컵으로 취급당하는 사회가 한국 사회이다. 이런 사회에서 여자가 결혼한 다는 건 신중히 생각해야 할 문제이다.

살다가 싸워서 이혼해도 아이는 국가가 책임지고 여자 혼자 당당히 일할 수 있는 환경이 되지 못한다면, 결혼은 하지 않는 게 좋다. 남녀 두 사람이 만나 살게 되면 필연코 싸움이 일어난다. 성격 차이, 가치관 차이를 떠나서 남녀 두뇌 구조가 다르기 때문이다. 돈도 없고 섹스도 안 되고 사랑도 식어 헤어지고 싶더라도 여자는 먹고살 길이 막막해 늘 참고 산다.

나부터 그렇지만 남녀가 만나 결혼하기 시작할 때부터 이혼을 생각한다. 아무리 훌륭하고 멋진 배우자를 만나도 같이 살다 보면 반드시 실망하게 마련이다. 게다가 우리나라 젊은 여성들은 텔레비전 속 환상의 세계에 빠져 착각을 한다. 드라마 속의 원빈 같은 사람을 만나거나 〈시크릿 가든〉의 남자 주인공 같은 재벌을 만나 잘살 수 있다는 착각이다. 그야말로 환상 내지는 몽상이다. 냉정하게 현실을 바라보는 여성도 최소한 자기는 대기업에서 일하는 노동자를 만날 수 있을 거라고 아주 굳게 믿는다. 그것도 착각이다. 우리나라 보통 여자가 만날 남자는 비정규직 노동자일 가능성이 가장 크다. 비정규직 노동자가 800만 명이 넘기 때문이다. 그러니 비정규직 노동자를 만나서 살게 되면 맞벌이를 해야 하는데 여자는 아이 때문에 그게 쉽지 않다. 게다가 이혼까지 하게 되면 여자는 벼랑으로 떨어진다.

우리나라는 현재 저출산 문제가 심각하다. 정부는 아이를 많이 낳으면 뭔 혜택을 주니 어쩌니 하지만 택도 없는 소리이다. 비정규직 없애고 노동자들에게 안정된 일거리 만들어주고 사회 보장 제도 잘 만들면 아이 낳지 말라고 해도 낳는다. 이 세상의 모든 생명체는 후손을 남기려고 하는 본능을 갖고 있다.

어떤 결혼 제도가 있으면 좋을까? 사회에서 노동자들에게 결코 적용해서는 안 되는 게 계약직과 기간제이지만 이 결혼 제도는 계약 기간이 있으면 좋겠다. 한 3년? 5년? 살아보고 계약이 끝날 무렵 다시 계약하는 것이다. 그러면 헤어질 때 서로 상처 안 받고 헤어질 수도 있고, 마음에 들면 다시 계약해서 살 수도 있을 것이다. 그냥 웃자고 하는 이야기가 아니다. 실존주의 철학자 사르트르도 '의무에 근거를 둔 만남'인 정식 결혼보다 '자유에 근거를 둔 만남'인 계약 결혼을 주장하면서 실제로 보부아르와 그런 결합을 하지 않았던가. 프랑스에서는 이런 계약 결혼을 법적으로 인정하고 있다고 한다.

그러려면 무엇이 전제가 되어야 할까? 일단 유럽 사회같이 사회 보장 제도가 잘돼 있어 아이들을 국가가 책임지고, 여성이 남성과 동일한 임금을 받고 일할 곳이 있어야겠지. 그런 전제가 없으면 내 말은 공허할 터이다. 그래서 계약 결혼을 해도 우리나라에서 아이를 낳는 건 신중해야 한다.

어찌 인간 생활에서 사지선다형 같은 답이 있겠는가? 유전자가 다 다르듯이 느끼는 감정은 다 다를 것이다. 결혼! 하지 말라고 했지만, 하든지 말든지 그건 당신 자유다. 단 여자든 남자든 결혼을 하지 않더라도 섹스는 즐겨라. 삶의 활력소가 될 것이다.

이 글을 읽고 의문이 드는 독자가 있을지도 모르겠다. 그럼 당신은 왜 이혼 안 하고 사냐고? 나도 관습에 얽매여 변화를 두려워하는 소심한 남자이기 때문이다. 그런데 아내가 이 글을 보게 된다면 어떻게 될지 모르지. 다행히 아내는 책을 별로 좋아하지 않기 때문에 이 글을 볼 확률은 1퍼센트다.

결혼은 복불복이다

• 권인숙

권인숙은 1964년에 태어났다. 서울대학교 의류학과에 입학한 후 학생 운동과 노동 운동을 했다. 이후 미국으로 건너가 여성학을 공부하고 가르치는 일을 했으며, 2003년부터 명지대학교 방목기초교육대학에서 여성학을 가르치고 있다. 지은 책으로는 《선택》《대한민국은 군대다》《권인숙 선생님의 양성평등 이야기》 등이 있다.

소울 메이트거나
돈 많은 남자거나

친구 남편 중에 딸에 대한 애정이 극진한 이가 있다. 아이가 한두 살 때부터, 나중에 커서 남자 친구를 사귀고 결혼을 원할 때를 상상하면서 걱정이 늘어졌었다. 도무지 믿을 만한 놈이 없을 것 같다는 걱정을 잠재우는 데 성공하지 못했는지, 마침내 아이가 고등학교에 입학할 즈음 긴 고민과 탐구 생활을 정리하고 대안을 발표했다. 내용은 간단명료했다.

"영미야, 아빠가 오랫동안 고민했는데, 여자가 결혼을 해도 될 경우는 딱 두 가지뿐이야. 소울 메이트가 될 만한 남자와 사는 것은 해볼 만한 일이야. 그게 아니라면 정말 부자 남자의 경우는 결혼해도 돼. 이 두 가지가 아니라면 여자는 결혼하면 무조건 손해야. 손해 정도가 아니라 하지 말아야 돼."

여기서 소울 메이트가 될 만한 남자는 이들이 미국 생활을 하면서 만난 몇몇 부부의 남편 같은 유형의 사람을 말한다. 남성적 성취욕은 약하고, 선하며, 관계 중심적이면서 가사 노동과 육아 행위를 즐기는 이들이다. 나의 경우 한국에서는 이런 소울 메이트 형 남자를 본 적은 없고 미국 유학 시절에는 여럿 보았다. 하던 일을 그만두고 여자 친구나 부인을 따라 캘리포니아 혹은 호주에서 미국 동부로 옮겨와 임시직에 만족하거나 아르바이트를 하면서 공부와 살림을 느긋하게 하던 남자들이 있었다.

대부분 사회적 성공이나 돈에는 거의 관심이 없고, 대안적 삶과 가치를 찾고 맛있는 음식 만들어 먹고 친구들과 사교하고 자기 공부하는 것에 만족하며 살던 이들이다. 내가 아는 이들은 진보적인 중상류층 가정에서 자라 남자는 이래야 한다는 요구를 가족에게 별로 받지 않았고, 남녀 간의 구별이 심한 또래 문화에서는 좀 겉돌면서 성장했다. 정치적으로는 좌파라 미국의 돈 중심 성공 문화에는 냉소적이다. 게다가 거의 모두 페미니스트였다. 커리어에 대한 욕망이 적어서인지 부인 조건에 자신을 맞추는 것을 힘들어 하지 않고 타인의 삶을 배려하는 데 만족을 느끼는, 이들 이른바 소울 메이트 남자와의 삶은 편안해 보였다. 삐딱하게 볼 여지가 별로 없었다.

오랜 세월이 지난 지금도 다들 잘 지낸다. 소울 메이트랑 사는 내 여자 친구들의 경우 가부장제의 전형적인 남성의 모습과 문제가 무엇인지 알기에 성공과 돈을 포기한 남편에 만족하였고, 서로에 대한 기대를 늘 조절하고 균형을 잘 잡아나가는 편이다. 남편 이야기만 하면 불공정 거래에 지친 듯 풀어놓을 것이 많은 한국 친구들의 증상을 이들에게서는 본 적이 없다. 친구의 남편도, 남녀의 역할에 덜 매인 채 부유하지는 않지만 평등하고 공정하게 사는 몇몇 부부의 모습을 보면서 삶의 파트너와 덜 갈등하고 덜 희생하며 사는 삶이 여자에게 나쁠 게 없다고 생각했던 것 같다.

부자의 경우는 결혼 생활이 쉽지 않을 가능성이 있지만, 돈이 사회적 신분과 지위를 보장해 주는 세상에서 보상이 아주 크기에 해볼 만하다는 것이다. 이혼시 위자료까지 생각하면 더 말할 게 없고. 신분 상승은 인생을 걸 만한 욕망의 대상이기도 하다. 신데렐라 같은 동화가 전 세계에 345가지 버전으로 존재할 만큼 가부장제 사회에서 부자 남성과의 결혼은 거의 모든 여성이 꿈꾸어 온 최고의 환상이다.

얼마 전 종영된 드라마 〈시크릿 가든〉의 열기를 봐도 그렇다. 이 드라마는 부자 남성의 캐릭터를 약간 비틀었다. 이전 드라마의 재벌 아들은 신데렐라 또는 캔디와 사랑에 빠지면 주변의 반대 압력이 무엇이든 동요하지 않았다. 그러나 주인공 역을 맡았던 현빈은 주변의 반대에 진지하게 고민하고 갈등하는 더 진실한 모습을 보여 여성들의 엄청난 환호를 받았다. 재벌은 성격이 어떠하든 진실하게 사랑하는 모습만 보이면 멋있어 보이도록, 여성들의 마음이 조작되어 있는 듯하다. 이 끝나지 않은 부자 남성을 향한 판타지의 행렬과 영향력을 보면, 부자는 만나고 볼 일인가 보다.

친구에게서 자기 남편이 내어놓았다는 그 대안을 들으면서 나는 과할 정도의 호응을 보냈었다. "정말 네 남편이 영미를 사랑하긴 하나 보다. 어쩜 그렇게 정확하고 딱 떨어지니!"라고 제대로 호들갑을 떨면서 웃었다. 솔직히 속이 시원했다. 누군가 정곡을 찔렀을 때 느끼는 그런 기분이기도 했다. 그리고 여지 입장에서 거의 대부분의 남성이 결혼에 부적합하다는 주장은, "왜 그렇게 사람을 잘 못 골랐지?" 하며 한탄한 적이 많은, 이혼한 나에게 조금 위로가 되기도 했다.

이 반응은 나만의 것이 아니었다. 35세 이상의 여성들은 반박 하나 없이 크게 공감했다. 결혼은 여자에게 손해라는 말을 이미 들어보았을 것이다. 그러나 꼭 집어서 이런 특별한 경우를 제외하고 정말 손해라는 말에 새삼 공감한 것은 그만큼 결혼 생활이 만만하지도 단순하지도 않으며, 여자 입장에서 기본적인 성취감, 만족감을 갖기 극히 어려운 제도라는 것을 확인할 기회가 많았기 때문일 것이다. 물론 친구의 남편이 그 특별한 경우에 부자만이 아니라 소울 메이트를 첨가하면서 공감도를 더 높였지만 말이다.

결혼에는 진리가 없다

그러나 사람들은 결혼을 한다. 여자들은 결혼을 한다. 위험 부담이 크더라도 결혼에 더 목을 매는 경우도, 목을 매는 문화가 더 발달한 경우도 여자 쪽이다. 사랑에 빠져 누구와 같이 살고 싶은 욕구는 큰데 동거를 허락하지 않는 문화 때문에 앞뒤 안 가리고 결혼에 안달이 나기도 한다. 부모가 준 조건에서 이루지 못한 신분이나 경제적 지위, 사회적 성공을 남자를 통해서 보상받고 싶기도 하다. 그냥 남들도 하는데 안 할 만한 강한 이유를 확인하지 못하면서 대세를 따르기도 하고, 돈 벌기 싫어서, 아이를 낳고 싶어서, 예쁜 집을 꾸미고 싶어서, 혹은 아침에 남편에게 밥을 해주는 현모양처가 되고 싶은 욕망에 사로잡혀 결혼을 한다. 결혼이 여자에게 손해이고 그 생활을 통해 성취감, 만족감, 내 삶을 보완하는 충족감을 얻지 못한다는 것을 알더라도 결혼을 하지 않기란 쉽지 않다. 여자가 결혼하면 손해 보는 구조는 곧 여자가 결혼하지 않고 독립적으로 사는 것도 어렵게 만드는 구조이기 때문이다. 그래서 결혼을 하긴 하는데, 어쨌든 해야만 하겠는데, 그 사람이 소울 메이트 스타일도 아니고 부자도 아닐 경우에는?

　　세상에 '결혼 전 물어야 할 한 가지 질문' 따위는 없다고 말하고 싶다. 한 가지로 포괄되는 진리는 결혼에는 없다. 결혼은 복불복이다. 〈1박 2일〉같은 텔레비전 프로그램에서 게임 형식으로 자주 나오는 '복불복 게임'은 본인의 의지나 능력, 노력에 상관없이 일정한 결과가 주어진다. 그리고 출연자들은 사전 규칙에 따라 그 결과를 따른다.

결혼도 그렇다. 아무리 좋은 질문을 던지고, 옳은 자세를 추스르고, 많은 예측을 하고, 주변을 살피고, 궁합을 본다고 하더라도 소용이 없다. 내가 나를 잘 모르는데 상대를 잘 알 수는 없다. 서로 잘 안다고 해도 삶에서 벌어지는 많은 변수를 다 예측할 수는 없다. 나와 배우자에게 어떤 위기가 닥칠지, 그 위기가 어떤 식으로 영향을 미치고, 각자가 어떤 위기 대처 능력을 가질지 알지 못한다. 수많은 관계망 속에서 어떤 우연과 갈등, 사랑, 감정 변화의 파노라마가 펼쳐질지 알지 못한다. 확실한 것은 서로가 서로의 행불행에 중요한 사람이 되었다는 사실 하나뿐일 것이다.

동거해 보고 결혼하면 복불복 운명에서 벗어날 수 있을 거라는 이도 있지만 공감하기 힘들다. 서로 사랑에 빠졌을 때 그때의 감정에 더욱 충실한 형태의 만남이 동거라는 점에는 동의하지만, 결혼이라는 영원성을 전제로 하는 제도를 잘 이끌어나가는 것에 도움이 된다는 생각은 안 든다. 사람은 보고 싶은 것만 보는 경우가 많고, 처음 2~3년 동안에는 안 보이던 것이 나중에 두드러져 보이는 것이 더 많다. 무엇보다 나도, 상대도 어떻게 변할지 모른다. 또 상대가 안 보여주려고 하면 못 볼 수밖에 없는 경우도 많다. 게다가 중독적 감정의 요소까지 개입이 된 바에야.

좋은 남자를 만나기 위해서 연애 경험을 많이 가지라는 조언도 있다. 연애를 많이 하는 것은 삶을 즐긴다는 측면에서 나쁘다고 생각하진 않는다. 그러나 연애 경험이 남자에 대한 순진한 기대를 조금 낮추게 할지는 몰라도 좋은 결혼 상대를 만나게 한다는 보장이 될까? 연애는 자기가 어떤 사람에게 잘 빠지는지와 같은 유형 파악과 가족 관계에서 형성된 무의식의 일정 측면(아버지 혹은 어머니와 관계된 콤플렉스)을 드러내는 효과는 지닐지 모르나 상대를 잘 알 수 있는 관계 방식은 아니다. 기본적으로 여자의 내숭과 남자의 허세에 가려진 채 감정적 요소가 깊게 개입된 관계에서 무엇을 제대로 볼 수 있을까? 연애보다 더 적극적인 형태인 결혼과 이혼 경험은 사람 보는 눈을 키워줄까? 연애보다는 나은 경우도 있겠지만 재혼 실패율이 더 높다는 통계를 보면 결혼이 그렇게 만만한 것은 아니다.

여자들아, 애쓰지 말라!

질문 따위는 던지지 말고, 복불복이어서 노력한다고 달라지는 것도 아니고, 잘 고르려 한다고 골라지는 것도 아니라는 냉소 가득한 조언과 함께, 하고 싶은 말이 더 있다면 그것은 "여자들아, 애쓰지 말라!"이다. 여자의 희생은 결코 결혼 관계에서 긍정적이기 힘들다. 여자뿐 아니라 남자에게도 그렇다. 가부장제가 강한 사회의 결혼에서 남성이 거의 절대 포기 못하는 것이 자기 중심성이다. 자기 욕구와 성공을 우선시하는 것만이 아니다. 어린 시절부터 엄마의 왕자로 키워져 남에 대한 배려를 생각해 보지 않은 채 받기만

했던 방식을 결혼 이후 그대로 유지하는 남자가 한국 부부 관계에서 넘쳐난다. "우리 남편은 애야 애" "우리 집 셋째아들"(남편을 지칭) 같은 호칭이 한국 결혼 문화에서만 유독 두드러진다.

남성이 이 자기 중심성을 무너뜨릴수록 가족 구성원과의 대화 능력이 높아지고 가정이 평화로워진다. 남을 생각하고 배려하는 것도 능력이라 키워야만 한다. 남을 생각하는 능력을 키우는 데 가장 방해가 되는 것은 결혼 초 부인들이 애써 남자의 엄마 역힐을 대신하려 드는 것이다. 자기 중심성에 방해받지 않은 생활을 그대로 이어가게 만들기 때문이다. 여자가 무심하고 노력하지 않고 이기적일수록이고 남편은 익숙하지 않은 관계를 위해 자기 중심성의 벽을 허물 기회를 가진다.

내가 아는 어떤 이는 죽어서 나무로 태어나는 게 소원이란다. 이생에서 남편한테 희생하면서 착한 일을 많이 했으니 다음 생에는 자기가 원하는 나무로 태어날 수도 있지 않겠냐는 것이다. 그 남편은 맞벌이 부부임에도 몇십 년째 손끝 하나 까닥 안 한다고 했다. "글쎄요, 누가 착한 건지…… 내가 상대방을 이기적으로 만들어, 그 사람이 갖고 있던 애초의 선한 마음을 파괴하고 있는지도 모르죠."

결혼을 앞두고 그래도 질문을 하고 싶다면, 현재의 삶을 내가 온전하게 살고 있는지 스스로에게 아니면 주변의 잘 알 만한 사람들에게 물어보는 것은 좋을 것 같다. 아무리 노력해도 결혼은 일상이고 긴 삶이기 때문에 나를 그대로 드러낼 수밖에 없다. 나의 성격, 나의 기질, 한계, 판단력이 그대로 나타날 수밖에 없는 것이다. 나의 근원적인 수준의 콤플렉스와 유아적 상태에서 자라지 못한 부분은 그대로 결혼에 반영된다. 상대방을 제대로 알 수 없고 선택이 복불복이라고 하더라도 지금 온전하고 건강할수록, 앞으로 닥칠 수 있는 위기를 넘어서고 파괴적인 환경과 관계로부터 자신을 보호할 가능성도 더 클 것이다.

그 질문에 긍정적인 답이 나오지 않는다면 그 문제부터 해결하는 것이 가장 중요하지 않을까? 결혼은 내 삶뿐만이 아니라 남의 삶에까지도 지대한 영향을 미치는 엄청난 행위이고 선택이기 때문이다.

사소하고 유치한, 그러나 결정적일 수 있는

- 오진희

오진희는 결혼에 대해서는 이상과 현실 사이에서 아직도 갈등하고 있다. 곧 쉰을 바라보는 나이임에도 불구하고, 지금의 결혼 제도가 곧 바뀔 것이라고 예견하고 기대하며 새로운 사랑의 결합 형태를 동경하지만 그것을 바꾸기 위해 적극적 행동은 못하고 있다. 변명이라면, 잘 나가는 소설가가 아니라 존경(?)받는 어린이 책 작가라서 주위에서 극구 말리기 때문이라고. 지은 책으로는 《짱뚱이 시리즈》《엄마 아빠 어렸을 적에 시리즈》《짱뚱이의 상추쌈 명상》 등이 있다.

가위에 눌려
잠에서 깨다

"근래에 급격한 스트레스를 받은 일이 있었나요?" 의사는 목을 켁켁거리며 의자에 앉는 그녀를 빤히 쳐다보며 물었다.

"글쎄요, 뭐 특별한 일은 없었는데요."

"그래요? 신경성인 것 같은데요. 마음을 편히 가지세요."

"신경성이요? 정말 아무 이상도 없는 건가요? 목에 이물감도 느껴지고 침도 잘 안 넘어가는 것 같고……"

"네, 깨끗해요. 신경성 후두염입니다."

그 신경성이란 말이 여자의 마음을 무척 우울하게 했다. 후두암이랄지 뭐 별다른 이상이 없어서 안심이지만…… 이런 증상은 10여 년 전 그녀가 극도의 스트레스에 시달릴 때도 나타났었다. 확— 토해내 버리고 싶은 것들이 목구멍에 걸려서 숨쉬기도 힘들 정도였다. 그때도 혹 자신이 암이라도 걸린 게 아닌가 싶어서 병원을 찾았더니 신경성 후두염이라고 했다. 스트레스 상황이 사라지고 나자 목구멍의 문제도 씻은 듯 말짱해졌다. 화가 목구멍까지 치밀어 올라서 그랬던 거라고 그녀는 생각했다. 그런데 그때와 똑같은 증상을 보이고 있는 지금, 그녀는 신혼이다.

 결혼이 스트레스의 원인인가? 하지만 그녀는 이번 결혼이 자신에게 그렇게 많은 긴장과 스트레스를 주었다는 사실을 받아들일 수 없었다. 2년 전 그녀는, 힘겹게 다시 얻은 싱글 생활을 만끽하고 있었다. 이혼 후 오히려 주머니가 넉넉해졌다. 체면치레로 참석해야 하는 경조사의 위선에서도 벗어났다. 이전보다 훨씬 더 인간적 교감을 나누며 살 수 있어 행복하기까지 했다. 1년에 몇 차례씩 시댁에 가기 위해 전쟁을 치르는 일도 없었다.

 그런 그녀가 또 결혼을 했다. 물론 이미 그 무모하고 무지했던 첫 번째 결혼에서 호되게 한판 당하고 난 뒤라 다시 결혼하고 싶은 마음은 눈곱만큼도 없었다. 종종 소소한 외로움을 느꼈지만 여자는 그것을 자신이 누리고 있는 이 소중한 자유와 바꾸고 싶지 않았다. 바로 지금, 같이 사는 이 남자를 만나기 전까지는.

 하지만 세 살 연하의 이 남자는 종종 그녀의 흑기사 역할을 자처하며 눈앞에 얼씬거렸다. 여자가 혼자 살며 아쉬워하는 것들을 해결해 주기도 했다. 주말을 함께 보내는 시간이 많아졌다. 그를 위해 요리하기도 하고 그의 패션을 변화시키기 위해 옷을 사주기도 했다. 주말 동거가 주중까지 한두 차례 이어질 무렵 그 남자가 결혼하자고 했다. 절묘하게도 그녀의 뇌 속에는 반反결혼주의보가 해제된 뒤였다.

　병원에서 나오는데 그에게 전화가 왔다.
　"자기야, 아무 이상 없대. 그냥 스트레스 때문이래."
　"스트레스?"라고 되묻는 남자의 목소리에는 의사의 오진이 아니냐는 듯한 뉘앙스가 배어 있었다. 여자는 갑자기 그렇게 되묻는 남자에게 슬며시 화가 났다. '아니, 내가 결혼 후 스트레스가 전혀 없으리라고 생각하는 저 자신만만함은 또 뭐야?' 작은 구슬 같은 것 하나가 목구멍으로 치미는데 남자가 덧붙였다.
　"아 참, 자기야. 이번 주말이 이모님 칠순 잔치래. 어머니가 특별한 일 없으면 내려오래."
　"이번 주말에 우리 동해 바다 가기로 했잖아."
　그녀는 일 하나를 끝낼 때마다 몇 개월 동안 끔찍하게 어깨와 머리를 혹사시키던 자신의 책상에서 최대한 멀리 떨어진 곳으로 여행을 갔다. 여유가 있으면 해외 여행을 가거나 그렇지 못할 경우 동해 바다 푸른 물을 보러 갔다. 그 푸른 파도를 보고 소리를 한바탕 질러야 일 때문에 쌓였던 찌꺼기가 날아가는 것 같았다. 그런데 그것을 한 달 넘게 미루어오고 있었다.
　"응, 그런데 엄마가 이모네 식구도 별로 없으니까 꼭 오라고…… 우리 금요일 밤에 출발해서 대천쯤에서 하루 자고 아침에

갈까?" 남자는 이미 그녀의 말투에서 지금 그녀의 입술이 1센티미터쯤 튀어나왔을 거라고 짐작하는 모양이다. 회유책을 쓴다.

그러나 그녀는 이제 목구멍에서 주먹만 한 게 치밀어 오르는 걸 느낀다. 어버이날 시댁에 다녀온 지 2주밖에 안 됐는데…… 6개월 동안 벌써 몇 번째 그녀의 특별한 계획은 시어머니의 전화 한 통에 별거 아닌 일로, 취소하거나 변경해도 되는 일로 바뀌어버렸다. 그녀의 남편은 미마보이는 아니다. 그녀에게 강압적으로 말하는 스타일도 아니다. 연애 시절보다 훨씬 더 다정하고 따뜻하게 대해주는 남자다. 주변 사람들은 그녀에게 '대박' 이라며 부러워했다.

여자가 갑자기 한 손으로 목을 잡았다. 점점 더 숨이 차올랐다. 켁켁거리며 진정해 보려고 애썼다. 그런데 숨을 쉴 수가 없었다. 그녀의 스트레스가 바로 결혼이었다는 생각에 이르자 뒷머리가 뻣뻣해지면서 소리를 지르고 싶었다. '그래, 내가 미쳤지. 내가 미친년이야. 또 결혼을 하다니 내가 미쳤어.'

"으윽, 헉, 헉!"

여자가 목을 움켜잡으며 길 위에 주저앉았다. 지나가는 누군가에게라도 도움을 청하려고 소리를 지르고 싶은데 목에서는 아무런 소리가, 소리가 나질 않았다.

"윽, 으악~"

가위에 눌려 잠에서 깼다. 꿈에서 깨자마자 아직 결혼하지 않앉다는 사실에 가슴을 쓸어내리며 책상 앞에 앉았다. '그래, 그 혼란스러웠던, 결혼 전 물어야 할 질문인지 뭔지 그 원고부터 마무리하자.' 컴퓨터를 켠 그녀가 비장한 각오로 써 내려가기 시작했다.

사소하고 유치한, 그러나 결정적일 수 있는

결혼은 콩깍지든지 호르몬이든지, 이성적 판단을 할 수 없게 하는 무언가가 작용해야 할 수 있다. 이성적인 두 사람이 만나서는 절대로 할 수 없다. 하지만 결혼의 과정은 어느 것보다 이성적일 것을 요구한다. 결혼이란 어떤 계약적 사회보다 더 지독한 제도권으로의 진입이니까 말이다. 아! 나는 아직도 환상적인 결혼을 꿈꾸는 여성들에게 이렇게 말하고 싶다. 잔인하게 들릴지 모르지만, 대한민국에서 여성이 결혼을 한다면 99.99퍼센트는 지금까지 살아온 어떤 일보다 더 고생스러울 것이라고. 결혼을 꿈꾸는 그대여, 자신이 참 수행의 길에 오를 각오가 되었는지 물어보라. 결혼이란 가장 처절하게 삶을 배우는 공간이며 시간이므로.

당신이 만약 지금 사랑하는 사람과 평생을 같이 살기 위해서 결혼을 한다면, 결혼 기간 내내 '내가 그 사람의 무엇을 사랑했던가?' 하는 의문에 빠질 것이다. 그럼에도 불구하고 결혼을 하겠다고 맘먹었다면 다음의 유치한 질문들을 꼭 확인하고 가야 한다. 싸움은 상대방이 중병에 걸렸다거나 큰 사고를 당했다거나 하는 위기 상황에서 시작되지 않는다. 그때는 오히려 결속력이 더 강화된다. 아주 사소하고 유치한, 그래서 제대로 속내를 털어놓지 못하고 참아왔던 일들이 쌓이고 쌓여 큰 싸움을 만들기 때문이다.

　1. 양가 경조사 참여 범위를 정해야 한다. 결혼만 하면 갑자기 효자가 되는 남자들! 쿨~해 보이는 남자도 결혼 후에는 갑자기 효자가 된다. 결혼 전 그는 어머니에게 전화가 오면 용건만 간단히 1분 내로 끊는 사람이었다. 그런데 갑자기 효자가 되어버렸다. 결혼 전의 불효를 결혼으로 한꺼번에 씻어버리려는 듯. 우리 사회의 풍습상 결혼하면 여자는 남자 쪽 경조사 참석에 더 비중을 두기 쉽다. 그것을 거부하는 여자는 용기가 필요하다. 양가 경조사 참여 범위를 정해서 그 내용을 상대 가족에게도 알려야 한다. 그래야 쓸데없는 기대나 고민을 안 할 테니.

　2. 결혼 전에 각자 어디에 돈을 써왔는지 이야기하고 공동 생활비 부담은 어떻게 할 것인가 논의한다. 맞벌이인 여성은 자칫 자신의 월급이 자신을 위해서가 아니라 시댁을 위해서 더 지출된다는 데 억울함을 느낄 때가 있고, 전업 주부인 여성은 가끔 남편에게 말하기 곤란한 지출에 대해서 고민하고 굴욕을 느낄 때가 있기 때문이다.

　3. 부모님께 드리는 용돈의 액수는 어떻게 할 것인가? 양가 부모님께 공평하게 드려라.

4. 맞벌이일 경우 가사 노동의 분담은 어떻게 할 것인가? 결혼만 하면 게을러지는 남자들을 보라.

5. 친구들의 초청은 두 사람 각각 1년에 몇 번 할 것인가? 여자의 친구들은 신혼집에서 자고 가는 일이 드물다. 그런데 남자의 친구들은 다르다. 친절한 당신, 당신의 집이 술 취한 남편의 친구들이 무료로 이용하는 찜질방으로 변할 수도 있다.

6. 텔레비전을 어느 곳에 둘지, 시청 범위는 어떻게 할지 이야기하라. 여자가 보는 막장 드라마를 비웃는 남자가 새벽마다 프리미어리그를 본다고 잠을 깨우는 일을 할 수도 있으니까. 만약 거실에 텔레비전을 둔다면 어느 날 밤 당신은 리모컨을 손에 쥔 채 거실에서 잠든 남편을 경멸스럽게 쳐다보다가 방문을 소리 나게 '쾅' 하니 닫고 들어가 씩씩거리며 잠 못 들지도 모른다.

7. 그러나 당신이 아무리 결혼 전 이런 계약서를 쓴다고 한들 이 계약서는 법적 효력이 없으므로 서로 지키지 않으면 무용지물이다. 그러면 당신은 그때마다 다투거나 이혼을 들먹일 것이다.

이렇게 그녀가 결혼에 대해 핑크빛 꿈을 꾸고 있는 환상녀들에게 한바탕 고춧가루 폭탄을 뿌릴 준비를 하고 있는 사이, 동거남인 그가 들어왔다.

"뭐해? 자다가 말고."
"응, 원고 마무리하려고. 이제 다 썼어. 나, 물 한 잔만."

마지막 마무리를 최대한 진지하고 호소력 있게 하기 위해 그녀는 남자를 작업실 밖으로 밀어냈다. 그리고 악몽을 날려버리려고 다시 자판을 힘껏 두드려대기 시작했다.

결혼, 사랑을 의심하게 만드는 제도

며칠 전 한동안 소식이 없던 후배에게 연락이 왔다. 너무 힘들어서 정신과 상담을 받았다고 했다. 몇 년 주기로 열렬한 사랑에 빠지던 그 후배는 연애에 관한 한 우리(비#결혼을 지지하는 여성 비밀 연대)의 로망이었다. 그런데 어느 날 그녀에게 뜻밖의 소식을 전해 들었다. 임신을 했다는 것이다. 우린 "축하해, 그런데 결혼은 절대 하지 마" 하고 말했다. 그녀도 그럴 생각은 전혀 없노라고 자신 있게 말했다. 우린 그녀의 용기에 박수를 보내며 지지 성명이라도 낼 것처럼 열렬히 호응했다. 그러던 그녀가 갑자기 정신과 상담을 받는다니…… 이유인즉 아이 때문에 혼인 신고를 했고, 시어머니가 갖은 감언이설로 꼬드기는 바람에 약식 결혼식도 했단다. 그런데 결혼식 이후 시어머니의 태도가 돌변해서 자신에게 며느리 노릇을 하라고 요구했단다.

아이 아빠는 경제적 능력에 있어서 그녀보다 못 미치는 상대였다. 연애를 할 때도 그녀는 데이트 비용을 남자보다 더 많이 지불했다. 우리가 그 이유를 묻자, 남자가 데이트 비용을 지불하는 것에 대해서는 아무 이견이 없으면서 왜 능력 있는 여자가 돈을 쓰면 이상하게 보느냐며, 진정한 남녀 평등은 바로 여자들의 그런 시각부터 바로잡아야 이루어지는 것이라고, 오히려 이상하게 보는 우리를 훈계했다. 그런데 연하인 그 남자의 아이 같은 성격과 긴 머리가 좋다던 우리의 그녀는 아이가 생기고 결혼을 한 이후로 그 남자의 순수함이 무능함으로 뒤바뀌어 보였단다.

결혼 이후 생각이 바뀐 후배도 문제지만, 결혼만 하면 갑자기 며느리를 아들의 부속물로 생각하는 시어머니의 태도가 더 큰 문제이다. 우리의 비혼 연대 전선에 중대한 문제가 발생했다. 전선에 홀로 선 전사처럼 갑자기 외로움이 밀려왔다. 아직도 우리 사회에서 결혼은 성숙한 인간의 자발적 선택이 아닌 전통적 관습과 사회적 억압, 육체적 욕망의 안정적인 해결이 뒤범벅된 선택이다. 이 시대의 결혼이라는 형식은 분명 변화를 요구한다. 결혼이 현재의 형식이 아닌 좀 더 인간적인 제도로 바뀔 때까지 우리의 비혼 연대는 지속될 수 있을까? 아! 나는 나의 비혼 연대를 끝까지 유지할 수 있을까?

여성의 사회적 진출이나 고학력에 비해서 아직도 우리 사회는 가정에서만은 봉건적인 여성의 역할을 강요한다. 고학력 여성군의 독신 비율이 늘어나는 이유도 우리 사회 결혼 제도의 모순 때문에 빚어진 일이다. 함께 사는 안정감은 누리고 싶지만 결혼이라는 제도 자체가 주는 부담감을 갖고 싶지 않은 여성들이 점점 더 늘어난다. 이것은 분명 지금 같은 방식의 결혼이라는 제도가 사회적 변화를 따라가지 못하고 있고 우리의 의식 또한 그 변화와 제도, 풍습 사이에서 충돌을 일으키고 있다는 증거이다.

제도란 사회적 필요와 구성원의 요구에 따라 변화하고 발전해야 한다. 어떤 방식으로든 사랑하는 사람들이 같이 사는 것은 아름다운 일이다. 그러나 지금의 결혼 제도는 사랑을 유지시키기보다 사랑을 의심하게 만든다. 제도를 철저하게 거부하고 살 것인가? 아니면 제도권으로 진입해서 그 제도를 바꿀 것인가? 남들의 이목을 두려워하지 않으면서 새로운 결혼 제도를 만들 것인가? 무엇이든 다 쉽지는 않다. 그러나 원래 진보란 늘 고민하고 갈등하며 첫발을 내딛는 용기 있는 사람들에 의해서 만들어지지 않는가?

"자기야." 물컵을 들고 거실로 나온 그 여자는 프리미어리그 축구 경기에 빠져 있는 남자를 불렀다.

"으응…… 왜?" 남자는 텔레비전 화면에 눈을 고정시키고 얼굴도 돌리지 않은 채 대답했다.

"이번 출장에 같이 가는 것 다음으로 미뤄야겠어. 난 아직 준비가 안 된 것 같아."

며칠 전 남자는 다음 주 지방 출장을 고향 근처로 가는데 여자랑 같이 가고 싶다며, 바닷가 근처라 제철 맞은 꽃게도 먹을 수 있을 거라고 했다. 여자는 이 여행이 무엇을 의미하는지 눈치 채고 있었다. 남자의 어머니가 심심찮게 전화를 해서 결혼을 하라고 성

화셨다. 남자는 그런 어머니에게 출장을 핑계삼아 여자를 보여줄 계획이었다.

"그래, 그럼 천천히 하지 뭐." 남자는 여자를 힐끔 쳐다보더니 별것 아니라는 듯 아주 쉽게 말했다.

'뭐야, 이 남자한테는 내가 악몽을 꿀 정도로 심각하게 생각하는 문제가 이렇게 쉬운 거였어? 아무튼 내 결혼이 꿈이라서 다행이야. 아휴 숨 막혀서 죽는 줄 알았잖아.'

여자는 경기에 빠져 있는 남자를 거실에 두고, 원고도 마쳤겠다, 자신의 침대로 가서 기지개를 한 번 켠 뒤 곧 달콤한 잠에 빠져들었다.

"여보세요? 으…… 응, 엄마. 아침 일찍부터 웬일이세요?"

"동거라니 너 미쳤냐? 그 나이에 이젠 이혼녀로도 모자라서 동거한다고? 당장 내려와!"

그녀가 악몽에서 깨어난 지 하루도 안 돼서 아침 일찍 그녀의 단잠을 깨우는 전화 소리와 수화기를 통해 들려오는 엄마의 화난 목소리가 그녀의 험난한 비혼 연대 사수기를 예고했다.

세 번째 이야기 · · ·

그래도
결혼할 당신에게

결혼을 앞둔 당신, 이제 앞으로 전진하는 일만 남아 있다. 상품의 홍보 기간은 끝났고, 소비자는 이미 물건을 구매해 버렸다. 고객 불만족시 교환이 가능했던 연애 기간도 이미 끝났으니, 설사 구매한 물건이 마음에 들지 않더라도 책임은 사용자인 당신의 몫일 뿐. 결국 당신이 스스로 선택한 결과에서 최대치를 일궈내느냐 마느냐, 결정은 당신에게 달려 있다.

배우자를
마트의 고객처럼

- 박금선

박금선은 방송작가로도 아줌마로도 오래 살았다. 둘 다 별 미련이 없다. 한껏 해보지도, 양껏 해보지도 못했지만 지쳐서 둘 다 미련이 없다. 그렇지만 마음이 한가해지면 비겁하게도 갑자기 세상 모두를 사랑하게 된다. 결혼은 잘했다고 생각한다. 어쨌든 그는 어떤 면에서 나에게 과분하고, 어쨌든 그는 어떤 면에서 나를 복장 터지게 한다. 그에게 나도 그럴 것이다.

미안! 여자인 당신은
결혼을 피할 수 없다 (남자인 당신도!)

당신은 여자인가? 그렇다면 걱정할 필요 없다. 당신은 비교적 현명하게 결혼할 남자를 택할 것이며, 결혼해서는 지혜롭게 결혼 생활을 이어갈 것이다. 여자라는 이유만으로 당신은 그 일을 다 해낼 수 있다.

인류학자가 말했지. 여자의 최대 발명품은 '아버지'라고. 아주 오래전, 수렵과 채취로 생활을 해나가던 시절, 여자는 한 남자에게 명령했다. "당신이 내 아이의 아버지예요!" 그러자 사냥을 하거나 여자들 뒤꽁무니만 쫓아다니던 남자는 마치 태엽 감은 인형처럼 한 여자의 남편 노릇을 하기 시작했고, 그 여자가 낳은 아이의 아비 노릇을 하기 시작했다.

사냥해 온 짐승의 가장 맛있는 부위를 골라 여자와 아이에게 갖다 바쳤고, 자신의 아이라고 여자가 말해준 그 아이에게 사냥의 특별한 기술을 가르쳤다. 다른 남자가 그 여자에게 윙크라도 하면 그는 질투의 주먹을 날렸다.

그대는 구석기나 신석기 시대 여성의 후예이다. 그러니 한 남자를 골라 "자기는 내 아이의 아빠야!" 하고 정해주기만 하면 게임은 끝난다. "자기가 내 아이의 아버지야!" 하고 당신이 손가락질을 해준 바로 그 순간부터 남자는 아버지로, 남편으로 행동하기 시작할 테니까.

이렇게 하여, 당신은 남편이라는 존재를 구했다. 그리고 같이 살기 시작했다. 그리고 나서는 디즈니의 만화 영화처럼 "오래오래 행복하게" 잘 살았을까? 안타깝게도 당신의 선배 여인들은 아니라고 고개를 가로젓는다.

에그 어쩌나, 결국 결혼하고야 만 당신!

당신은 단 한 가지 이유로 결혼할 것이다. 단지 변화가 필요해서! 머리를 자르거나, 파마를 하거나, 귀를 뚫거나, 비싼 가방을 사거나 그런 변화로는 성이 차지 않을 때, 즉 아주아주 큰 변화가 필요할 때 당신은 결혼하게 될 것이다.

그 변화 욕구에는 "사랑하기 때문에" "그가 왠지 가엾어서" "그와 밤에 헤어지기 싫어서" "그는 착하고 능력 있으니까" "부모님이 결혼하라셔서" 등등의 액세서리가 붙겠지만, 당신의 속마음을 들여다보라. 당신은 결국 변화가 필요한 것이다. 그것도 매우 자극이 큰 변화가.

변화를 만끽하는
유효 기간

　드레스도 맞추고, 날씬하게 다이어트도 하고, 가락지도 맞추고, 부케는 누구에게 줄까 고민도 하면서 당신은 한동안 '결혼식 놀이'를 즐길 것이다. 예단 문제 같은 사소한 걸림돌이 '아, 정말 남들 같은 결혼을 하는구나' 하는 즐거운 통속의 증거가 되어주기도 할 것이다.

　따다다단~ 따다다단~ 일찍이 멘델스존이 그대를 위해 작곡해 둔 결혼 행진곡에 맞춰 당신은 그의 팔짱을 끼고서 행진을 하고, 신나는 신혼 여행을 다녀오고, 남들 같은 사진을 찍고, 반짝반짝하는 가전제품 속에서 분홍색 잠옷을 입은 채, 달콤하게 아침잠을 깰 것이다.

　그러나 기억하라. 정작 그대에게 결혼 행진곡을 작곡해 준 멘델스존은 결혼하지 않았다는 것을. 그는 이미 알고 있었던 것이다. 결혼이 얼마나 큰 대가를 치러야 하는 놀음인가를.

앗! 그것은
노예 문서였네!

　이런 말, 하고 싶지 않지만, 당신은 결국 노예 문서에 서명을 한 셈이 되었다. 한 달이 지났을 때 그걸 깨달을 수도 있고 1년이 지나 깨달을 수도 있지만, 가장 확실하게는 아이가 생기고 나면 당신이 어디에 서명했는지 분명히 알게 될 것이다.

　믿을 수 없겠지만, 그때가 되면 당신에게는 인도의 여신처럼 열두 개의 손이 돋아날 것이다. 한 손으로는 빽빽 울어대는 아이에게 젖을 먹이면서, 또 한 손은 남편이 퇴근하면 드시라고 된장국을 보글보글 끓일 것이며, 다른 손은 시부모님께 안부 전화를 할 것이고, 동시에 또 다른 손은 휴대폰으로 회사에서 마무리하지 못한 일로 거래처에 전화를 걸고 있을 것이다. 그리고 열두 개의 손이 달린 여신으로 사는 일은 아이가 성년이 될 때까지—어쩌면 그 이후에도—이어질 것이다.

　내가 원한 변화가 진정 이런 것이었을까 가끔 의문이 일지만, 그 의문을 길게 생각할 시간은 없다. 아이는 다시 무언가를 해달라고 조르고, 남편의 셔츠는 얼룩을 묻힌 채 당신이 빨아주길 기다리며, 시어머니는 "다른 집 며느리는" 어쩌고 하면서 당신을 흘겨볼 테고, 부동산 중개인은 "이제 내 집 장만하셔야죠?" 하며 채근할 테니까. 게다가 상사인 미혼의 그녀는 "그렇게 잘 해낼 자신이 없으면 일하는 아줌마를 두든가!" 하면서, 쌩하니 당신 앞에 찬바람을 일으킬 것이다. 그 순간, 아주 드문 경우지만, 시집 잘 간 친구가 부아를 돋우는 전화를 해올 수도 있다. 돈 많고 자상한 남편을 둔 친구는 "너 사는 게 힘들구나. 쯧쯧쯧" 하고 애도의 마음을 전해오겠지.

그러면 당신은 그날 밤, 베갯잇을 적시며 울거나, 아니면 한때 당신을 사모하는 듯(!)했던 수줍던 남자애 이름을 인터넷 포털 사이트에서 검색하면서 그가 지금은 무얼 하는지, 결혼은 했는지, 심지어 나보다 못한 여자와 참깨를 볶으며 살고 있지는 않은지를 밤새워 조사하리라.

기혼자의 시계는 국방부 시계다

국방부 시계는 거꾸로 매달아도 간다고 했던가? 기혼자의 시계도 마찬가지다. 시간은 잘도 흘러서 아이는 학교에 가고 남편은 승진을 하고 당신은 꾸역꾸역 직장에 다니거나 뒤늦게 전업주부가 되어 있을 것이다. 어느 날 거울 안에서 발견한 주름진 얼굴에 화들짝 놀라 비싼 화장품을 갑자기 사고, 맘에 드는 10만 원짜리 블라우스를 사놓고선 3만 원에 샀다며 남편에게 사소한 거짓말을 하게 될 것이다.

남편이 친정 식구에게 한 번 잘해주면, "그래, 그는 좋은 사람이었어" 하고 10여 년치 잘못을 한꺼번에 용서하게도 될 것이다.

그에게 감격해서가 아니라, 자신의 가슴에 쌓아온 화가 너무 무거워 일시에 그렇게라도 정리해 버리고 싶을 테니까. 친구 남편이 바람났다는 소리를 듣고는, 새삼스럽게 남편의 셔츠에 코를 대고 여자 향수 냄새가 나지는 않는지 킁킁댈 것이며, 동창회에 가서 아이의 성적표와 남편의 결혼기념일 선물을 약간 과장하여 자랑도 할 것이다. 그리고 돌아오는 길, 살고 있는 아파트의 언덕은 '폭풍의 언덕'이 되고, 바람처럼 부는 외로움에 버둥대는 자신을 가여워하게 될 것이다.

별다를 것 같은가?
단언컨대 당신은 그냥 남들같이 산다

사랑의 전설이 되어 잉꼬부부로 살겠다고? 엄마가 되면 현명한 조기 교육으로 '특별한' 내 아이를 '리틀 아인슈타인'으로 만들 거라고? 몸매 관리, 미모 관리, 재산 관리, 인맥 관리, 커리어 관리 잘해서 우아한 중년을 맞을 거라고? 꿈 깨시라. 남들도 그런 꿈을 가졌다. 다만 꿈으로 끝났을 뿐!

"그럼, 결혼하지 말라고요?" 하고 묻고 싶겠지? 그러나 다만 물어만 볼 뿐, 결국 당신은 남들 같은 결혼을 하고야 말 것이다. 그리고 지지고 볶으며 수십 년 동안 조금 행복하고 조금 미워하고 많이 허망하게 살 것이다. 어차피 정해진 길, 내가 뜯어말린다고 당신이 그 길을 가지 않을 것도 아니니, 당신보다 먼저 길을 간 인생의 선배라는 그 이유로 딱 세 마디만 하자. 물론 당신에게 접수되지는 않을 것이다. 안다. 나도 그랬다.

첫째, 가능하다면, 좋아하는 점이 많이 겹치는 사람이 아니라 싫어하는 점이 공통적으로 많이 겹치는 사람을 만나서 결혼하라. 좋은 건 곧 싫어지기도 하지만, 싫은 건 계속 싫어질 뿐 결코 좋아지지 않으니까. 싫어하는 점이 같다면, 살면서 다툴 일을 상당 부분 줄일 수 있다.

둘째, 배우자를 고객이라고 생각하라. 당신은 대형 마트의 직원이다. 그리고 배우자는 고객이다. 고객이 별 이상한 일로 떼를 쓴다고 해도, 당신은 계속 친절할 것이다. 속으로는 온갖 욕을 할지언정 친절을 가장할 것이다. 당신이 배우자를 고객으로 생각한다면, 어쨌든 해로할 것이다. 그 해로가 의미가 있는가 없는가는 논외로 하고, 한번 결혼해서 죽을 때까지 같이 사는 게 미덕인 이 사회에서는 해로동혈偕老同穴은 좋은 것일 테니까. 그리고 무엇보다 당신이 그렇게 사랑한다고 주장하는 아이가 "우리 부모는 그래도 어쨌든 서로 사랑하셨어" 하고 속 편하게 마음의 정리를 할 수 있게는 해줄 테니까!

셋째, 불교나 힌두교를 비롯한 동양의 오랜 종교적 가르침을 꼭, 꼭, 꼭 공부하시라. 그리하면 가슴에 불길이 일어 자신까지 다 태울 것 같을 때, 그 불길을 식혀줄 방화용 모래가 되어줄 테니. 그리하면 사랑이 곧 용서임을 알게 될 테니. 그리하면 용서는, 배우자의 잘못을 용서한다는 뜻이 아니라 그 사람도 곧 나와 같은 존재라는 깨달음임을 알게 될 테니.

그냥저냥 남들처럼 살아온 당신, 잘살았다! 훌륭하다!

그를 사랑했지만, 곧 미워했고, 미워하다가 다시 연민한 당신. 당신은 남들처럼 살았다. 어차피 태어난 세상, 그때그때 주변 사람에게 채이고 깎여 모난 당신의 부분 부분을 갈고 닦아 둥글게 되었으니, 더 이상 싫은 것도 좋은 것도 없는 사람이 되었으니, 그것으로 당신은 성공한 것이다. 신은 당신에게 바로 그걸 원했다. 남들처럼 아파하고 남들처럼 기뻐하고, 남들처럼 우쭐대고 남들처럼 초라한 인생을. 남과 같은 나의 인생. 남보다 잘난 것 하나 없는 나의 인생. 고로 남이든 원수든 배우자든 모두 나처럼 소중하거나 나처럼 아무것도 아니라는 깨달음.

자, 신의 기대에 맞추기 위하여 당신은 결혼하라. 결혼이 주는 잠깐의 화려한 놀이와 슬픔과 기나긴 초라함과 미움, 아픔과 서러움을 골고루 맛보시라. 그러면 알게 되리라. 왜 인류가 그토록 결혼을 권해 왔는지를. 아직도 결혼이 멈춰질 수 없는 이유를 알게 되리라. 그 이유는 다름 아닌 그저 종족 보존의 이유뿐이다. 사람은 생물이기에, 아메바나 나팔꽃이나 가시고기나 참새처럼 그저 주어진 생명이 끝날 때까지 이어가라는 자연의 명을 따를 뿐임을 그대도 알게 되리라. 그리고 그걸 모른다면 그 또한 행운이리라. 번민의 싹을 보지 못하는 것은 행운일 테니.

　미안! 결혼에 대해 달콤한 말을 못해주어서. '당신의 지난한 결단—결혼'에 내가 혀 끌끌 차며 기꺼이 부조금을 내는 이유를 그대, 이제는 알겠는가?

숙성되지 못하면
사랑도 쉰다

• 곽병찬

곽병찬은 대학에서 미학을 전공하고, 신문사에 입사해 별의별 부서를 다 돌아다녔다. 《한겨레 21》 편집장, 《한겨레》 정치사회부장, 편집부국장 등을 거쳐 현재 《한겨레》 논설위원으로 있다.

세 가지 다짐

머리는 지근지근, 뱃속은 니글니글, 입 안은 바싹 마르고, 그날 아침도 숙취로 인해 심신이 말이 아니었다. 그래도 아침밥을 안 거르는 가풍에 따라 식탁 앞에 앉았다. 내 꼴을 한심하게 쳐다보던 딸은 이런 말을 꺼냈다.

"난 결혼할 남자 친구가 생기면 세 가지 다짐을 받아둘 거야."

과년한 딸이니, 뭐가 있나 보다 귀가 솔깃했다.

"첫째, 술을 마시지 않는다."

이 말이 떨어지는 순간 그놈의 속셈은 빤하게 드러났다. 일주일에 두세 번, 어제도 만취해 돌아온 내 행태가 영 언짢았고, 초라하기 짝이 없는 내 꼬라지가 한심했던 것이다. 술에 관한 한 딸은 나의 가장 강력한 후원자였다. 대학별 논술고사를 보기 전날에도 나는 밤늦게 후배를 데리고 귀가했다. 우리 집에서 한 잔 더 하기로 한 것이었다. 아내는 분노했다. 아예 나와 보지도 않았다. 그때 나의 체면을 살려준 것은 딸이었다. 어디선가 먹다 남은 복분자 술병을 찾아내 마른안주와 함께 내왔다. 그런 딸이었는데 불과 4~5년 만에 저렇게 변했다니, 씁쓸했다.

당황해하는 나를 고소하다는 듯 쳐다보며 딸은 말을 이었다.

"둘째, 도박을 하지 않는다."

웬 뚱딴지같은 도박? 우리 집안에 그런 사람 있었나? 대개 자식들이 금기시하는 건 부모의 못마땅한 점이다. 주변에 도박에 빠진 놈이 있었나?

"셋째, 외도를 하지 않는다!"

머리가 띵했다. 사랑도 하기 전에 뭔 외도? 사랑에 빠지고 결혼할 생각까지 하는 사람이라면 그런 것은 상상도 못할 일인데, 어찌 그것부터 다짐을 받는다는 걸까? 계약 결혼도 아니고, 중매 결혼도 아닌데. 혹시 그때 그 일을 딸이 알고 있는 건가? 아내가 딸에게 얘기했나? 헛기침 한 번 하고, 아내를 힐끔 쳐다보았다. 자세를 바로 세운 뒤, 국에 말은 밥을 두세 숟가락 입에 넣었다.

혼자서 살아갈 준비 해

10여 년 전 일이다.

"이제 당신 혼자서 살아갈 준비 해." 밑도 끝도 없는 얘기를 두 번이나 반복했다고 한다. 나도 깜짝 놀랄 말이었으니, 그것을 들은 아내는 오죽했을까. 그날 친구 부부들은 수동의 한 친구 농장에서 기분 좋게 술을 마시고, 2차로 노래방 시설이 있는 한 카페에 갔다. 거기서 노래도 부르고, 결혼 후 처음으로 아내와 블루스도 췄다고 한다. 그런데 꼭 껴안고 춤을 추다가 마른하늘에 날벼락처럼 아내의 귀에 대고 "혼자서 살아갈 준비 해"라고 말했다는 것이다. 이게 무슨 제 발등 찍는 소린가.

처음엔 술기운에 떠든 시답잖은 소리로 흘려버린 것 같았다. 그러나 만 하루가 지나면서 폭발하기 시작했다. 이튿날 아침 아내의 표정이 심상치 않았다. 말을 하지 않았다. 눈을 마주치지도 않았다. 술 마시면서 아내를 쪽팔리게 하는 짓이라도 했나? 저녁 땐 괜찮아지겠지. 그러나 회사에서 돌아왔을 때 상태는 더 안 좋았다. 아예 밥도 내놓지 않았다. 은근히 부아가 나려고 했다. 뭔지 말을 해야 할 거 아냐? 어제 잘 놀고 와서 왜 이래! 나 지금 놀러 갔다 온 거 아니야. 구시렁거리는 순간, 아내가 이야기 좀 하자며 자리에 털썩 주저앉는다. 눈이 부어 있었다.

아내의 물음은 "그 말의 뜻이 무엇이냐?" 오로지 그것뿐이었다. 무슨 말? 일단 시치미부터 뗐다. 사실 어제 2차 술자리 상황에 대한 기억은 애매했다. 아내는 어처구니없다는 듯 눈을 돌렸다. 눈동자에서 반짝 빛이 났다. "혼자 살 준비를 하라니, 그게 무슨 말이냐고!" 허공을 보던 눈이 나를 쏘아봤다. 이내 얼굴을 돌린다. 눈물이 비친다. 아, 이건 비상 사태다.

아내는 나를 구원했다

　사실 당시 내 감정 상태는 적잖이 혼란스러웠다. 심각한 건 아니지만, 이전과는 성격이 판이하게 달랐다. 사십대 중반으로 접어들면서 생각이 많아졌다. 근본적인 변화를 꿈꾸는가 하면 은밀한 일탈을 상상하는 일이 잦아졌다. 과연 내가 하는 이 짓을 계속해야 하나? 그럼 어떤 일을 할 수 있을까? 내가 하고 싶은 건 뭐지? 이대로 살다 가야 하나? 뭔가 화끈하게 삶을 불태울 수 있는 건 없을까? 중년의 풍토병이 나에게도 찾아온 것이다. 도대체 인생이란 뭐지, 무슨 의미가 있는 거지? 그런 퇴행성 의문도 되살아났다.

　직장인들은 처음엔 5년, 다음엔 10년, 그리고 그 다음 5년쯤에 이직, 새로운 삶을 꿈꾼다. 직장 생활에 대해 알 만큼 알고, 보람과 한계가 눈에 들어오는 때이니 그럴 만도 하다. 내 나이 사십대 중반이었으니, 마지막 기회였다. 사실 그 시기를 놓치면 새로운 일, 관계, 목표 등은 다시 시도하기 어렵다. 물론 오십대도 의지만 있으면 하겠지만, 사십대가 보는 오십대는 정리할 때지 새로 시작할 나이는 아니다. 사십대는 아직 청춘의 잔불이 남아 있는 때다.

　그 잔불이 문제다. 불장난해 보면 알겠지만, 불은 꺼질 때 한순간 폭발하듯이 밝아졌다가 스러진다. 석양도 그렇다. 그렇게 태워보고 싶은 것이다. 그래서 빠지기 쉬운 게 남녀 관계다. 하던 일을 그만두는 건 위험하다. 다른 일을 해서 성공할 보장도 없다. 자신도 없다. 게다가 가족의 동의도 구해야 하는데 동의할 가능성도 없다. 무언가 변화의 욕구는 치밀어 오르지만, 선택할 게 거의 없는 것이다. 이 답답한 상황에서 탈출구 기능을 하는 게, 그리고 그 효과가 가장 빠른 것이 바로 연애다. 그때쯤이면 그런 기회도 생긴다. 자주 가는 술집도 있고, 자주 만나는 사람이 있고, 각종 동창 모임 등을 통해 20년쯤 전 옛 사람도 만나게 된다. 여기저기서 그와 관련한 자극적인 이야기도 많이 접수된다.

나도 사십대 중반의 풍토병을 벗어나지 못했다. 일반적인 경우처럼, 근본적인 변화를 감행할 용기도, 재주도 없었으니, 일탈 쪽으로 쏠리기도 했다. 또 대중과 소통하는 글쓰기를 주업으로 하는 사람들에겐 간혹 그런 기회가 제 발로 걸어오기도 한다. 하지만 그런 일탈도 쉬운 일은 아니다. 작용에는 언제나 반작용이 있게 마련. 물리적 법칙만은 아니다. 일탈이라는 원심력에도 이에 맞서는 구심력이 반드시 따른다. 가족을 배반한다는 자책감, 나 자신의 이중성에 대한 자괴감, 게다가 들킬 경우? 마지막 보루인 가족들로부터 거부당할 것이라는 두려움! 일탈을 꿈꾸고 시도도 하지만, 대개 발목 정도 담갔다가 빼는 것은 이런 구심력 탓이다.

공언하건대 아내는 나를 구원했다. 언감생심 꿈에도 생각하지 못할 사람을 순전히 삼신할미 덕택에 나는 거저 얻었다. 아내는 스스로의 선택이 아니라 운명의 힘에 떠밀려 내게 왔다고 나는 믿는다. 아내는 나를 항상 술에 절어 있고, 취하면 행패나 부리고, 그래서 기분 나쁘고, 무서웠다고 기억한다. 이렇게 같이 살게 될 줄은 꿈에도 몰랐다는 것이다. 나는 선녀를 배필로 얻은 나무꾼보다 더 억세게 재수 좋은 놈이었다. 그런데 어찌 딴생각 품고, 그의 선의와 사랑을 배반할 것인가.

너무 약한 삼신할미의 끈

두어 숟가락 밥을 더 삼켰다. 그런데 말이다, 사랑하는 사람이라면, 그런 건 꿈에도 꾸지 않을 것이고, 있을 수도 없다고 생각할 텐데, 어떻게 그런 조건을 생각했지? 결혼할 땐 누구나 검은 머리 파뿌리 되도록 사랑할 거라고 맹세하는 거 아냐? 그렇게 믿지 못하면 어떻게 결혼을 해? 그리고 그런 다짐이 무슨 소용이야? 약속했다고 할 걸 안 하고, 안 할 걸 하나? 지금 세상 사람들 봐라, 어떻게 하고 있는지. 사랑이란 건 신의와 성실, 진실과 관용이라는 자신과 내면의 약속인데, 그걸 땅 계약서에 도장 찍듯이 도장 찍으라고 하는 건 좀 이상하지 않아? 딸에게 이렇게 묻고 싶었지만, 입 밖으로 나오진 않았다. 나의 작은 과거가 켕겼기 때문이다. 그래서 "알았다. 술 조심할 테니까, 너까지 바가지 긁지 마라. 다 먹고살자고 술 마시는 거지, 좋아서 그 골치 아픈 술 마시겠냐? 너라도 이해해 줘야지." 숟가락을 놓고 빠져나왔다.

누군가를 사랑하고, 연애하고, 결혼할 때, 아무도 상상하지 않는 것 하나가 있다. 아니 그럴 가능성을 원천 봉쇄하는 것이 하나 있다. 상대의 변심이다. 자신의 짝을 위해 영혼을 팔라면 팔고, 목숨이라도 바치라면 바칠진대, 어찌 그런 불경한 상상을 할까? 하지만 그런 일은 예수가 말하듯이, 도둑처럼 어느 날 갑자기 찾아온다. 몰래 내 가슴속으로 파고들어 나의 영혼을 뒤흔들어놓고, 배우자와의 사이에 거대한 협곡을 만들고, 거기에 허리케인을 불러온다. 특히 유전적 진화에서 뒤처진 남성은 이런 난기류에 쉽게 빠진다. 수컷은 그저 종족을 많이 번식하려 이곳저곳에 씨를 뿌리고, 암컷은 가장 좋은 유전자를 골라 품고 그것이 제대로 뿌리 내리고 건강하게 자라도록 가꾸는 데 집중하기 때문이라는 사회생물학의 설명이 아니더라도 수컷은 좀 열등하다.

물론 요즘은 달라지긴 했다. 남성의 그런 바람기를 참고 받아줄 여성은 없다. 오로지 질 좋은 유전자 확보를 위해 애정 없는 관계를 갖거나 유지할 여성도 없다. 주는 씨나 받는 것을 거부하고, 복수複數의 수컷으로부터 씨를 받아 취사선택하겠다고 나서는 암컷도 있고, 씨받이로서의 기능을 거부하는 사람도 있다. 게다가 육체적 사랑은 생물학에서 말하는 씨받이 과정이 아니라 대화의 일종, 아니 최고의 대화인 몸과 영혼의 소통이라고 생각하거나, 아니면 그저 엔터테인먼트의 일종으로 받아들이는 경우도 적지 않다.

2005년인가, 한국성과학연구소 등이 기혼 여성 천 명을 설문 조사한 결과, 응답자의 63퍼센트가 남편 이외의 남성과 성 관계를 가질 수 있다고 대답했다. 한 연구자가 논문을 쓰기 위해 190명의 수도권 여성을 면접 조사한 결과 응답자의 26퍼센트가 과거나 현재 혼외 관계 경험이 있었던 것으로 나타났다. 실제로 남자건 여자건 기혼이면서 애인이 있다고 하면, 예전에는 미쳤다는 소리를 들었지만, 지금은 능력 있다는 소리를 듣는다고 한다. 그건 강 건너 불이 아니다. 바로 우리 곁에서 벌어지는 일이다.

앞에서도 말했지만, 나는 삼신할미를 믿는 사람이다. 갓 태어나는 아기의 발목에 실의 한 끝을 묶고 실의 다른 한 끝은 아기의 배필이 될 다른 아기의 발목에 묶는다는 그 할미 말이다. 그래서 나는 나의 아내와 결혼할 수 있었다. 그런데 문제는 그 실이 너무 약하다는 것이다. 과거엔 사회적 규범과 관습이 가세해 이탈하려는 여인의 원심력을 무력화시킴으로써 실의 인장력을 높였지만, 지금은 그런 보조 장치가 유명무실해졌다. 법적으로 남녀 평등이 이뤄졌고, 경제적으로 여성이 자립할 수 있는 여건이 확충됐으며, 도덕적 통제도 힘을 잃었다. 그 실은 언제든 끊어질 수 있다.

그래서 오래 전부터 우리 할머니들은 그런 위험성을 알고 이런 이야기를 하곤 했다. 부부에겐 촌수가 없다. 부부일 경우 한 몸으로 무촌이지만, 헤어지면 남남으로 무촌이다. 남남인 사람이 한 평생 살을 부대끼며 살기란 여간 어려운 게 아니다. 언제든 돌아설 수도 있고 갈라설 수도 있다. 이 끊어지기 쉬운 관계를 붙잡아주는 게 바로 자식이다. 부모는 자식의 울타리이지만, 자식은 부모의 울타리다. 자식과 부모의 관계는 안과 밖이 따로 없는 뫼비우스의 띠와 같고, 가족이란 공간은 안이 밖이고 밖이 안인 '클라인 씨의 병

Klein's bottle'과 비슷하다. 물론 요즘엔 자식도 그런 역할을 못한다. 수갑 구실하는 자식을 거추장스러워하는 이도 있고, 있는 자식도 버려가며 운명의 실을 끊어버리려는 이도 있다.

사랑의 성분

다시 그날로 돌아가자. 그 무섭다는 여인의 직감, 나의 비밀 혹은 위선도 그 촉수에 걸린 것 아닐까? 그놈의 술, 그놈의 주둥아리가 문제이지만, 이미 물 잔은 기울어졌고 일부는 흘러내린 것 같다. 이제 중요한 것은 수습이다. 머리를 스쳐지나가는 건 피의자가 쓸 수 있는 세 가지 무기였다. 첫째 무조건 도망치고, 잡혔을 경우 무조건 잡아떼고, 그것도 안 되면 입을 다물라는 것이다. 그러나 그 상황에서 취할 수 있는 건 하나, 잡아떼는 것뿐이다.

"무슨 뜻은 무슨 뜻! 별 생각 없이 한 말이지. 그렇게 술 먹고 온전한 말 했겠나? 신경 쓸 게 따로 있지." 벼랑 끝이라고 생각하니, 마음에도 없던 말이 술술 나왔다. 하긴 그동안 나의 술버릇으로 말미암아 보고 겪은 심신 상실 상태가 한두 번이 아니었으니, "그게 말이 되느냐?"고 힐난하면서도 나의 단호한 부인을 조금은 받아들이는 듯했다. 아니 거기에 대고 따져봤자 뭣하겠는가. 낭군인지 멍군인지 딴살림만 차리지 않는다면 버릴 생각은 없는 것 같기도 했다. 하긴 안에서 무능력하고 부실한 것이, 밖에 나간다고 능력 발휘하고, 용이나 한번 제대로 쓸까 싶기도 했을 것이다.

장인어른도 가족과 떨어져 절집에 칩거하며 몸과 마음을 수련했던 적이 있다. 아버지를 보려고 딸들이 처녀 시절 범어사를 찾아갔다가 아버지는 못 보고 여인숙에서 알밤을 샌 적도 있었다. 아내가 나에게 외도, 배반 등의 혐의보다 무책임 혐의를 두게 된 건 이런 가족사와 나의 평소 행동 탓이 컸을 것이다. 그때쯤 나는 산과 절집에 미쳤다는 소리를 들을 정도로 쏘다녔다. 한마디의 발설로 빚어진 후과는 일주일 정도 미쳤다. 그러나 그것은 사십대 중반 찾아온 일탈의 욕망을 잠재우고, 면역력을 키우는 백신 구실을 했다.

 결혼을 앞둔 신랑 신부는 철석같이 믿는다. 두 사람의 사랑은 완전하다고. 금강석보다 더 단단하고, 따라서 변하지 않을 거라고. 살아가는 과정에서 어떤 어려움도 극복할 수 있을 거라고. 물론 사랑은 어느 누구냐를 떠나 완전할 수 있다. 황순원의 소설 〈소나기〉에 나오는 두 어린 주인공의 사랑만큼 완전한 게 어디 있을 것인가. 예닐곱 아이들의 사랑도 그러한데 노년의 사랑은 어떠할까?

 그러나 사랑은 완전해도 사람은 완전하지 않다. 그런 사람이 꾸려가는 생활 또한 그렇다. 가정 생활은 불균형에서 균형으로, 불완전에서 완전을 향해 끊임없이 나아가는 과정이다. 은혼식 금혼식이 있어 두 사람의 해로를 기념하고 축하하는 건, 그들의 기나긴 노력에 대한 경의의 표시일 뿐, 완전함에 대한 찬사가 아니다. 사랑은 결혼 생활을 더 안정되고 균형 잡힌 상태로 밀고 가는 추동력이다. 로미오와 줄리엣의 사랑이 완전했을지라도 그들이 결혼 생활에 들어갔다면 어떻게 됐을지 모른다.

신혼 초엔 코고는 소리, 이빨 가는 소리를 듣지 못한다. 어느 순간부터 그 소리가 들리기 시작한다. 그리고 그때 조금 잘못하면 각방을 쓰게 된다. 향기롭던 입술에서 언제부턴가 김치 된장 맛이 느껴지고 곱던 손이 그냥 투박해 보인다. 삶은 이렇게 많은 것을 변하게 한다. 특히 사랑의 감각적 요소를 빛바래게 한다.

그러나 사랑엔 여러 속성이 있다. 일반적으로 사랑을 말할 때 염두에 두고 있는 건 마취 성분이다. "사랑하면 눈꺼풀에 콩깍지 낀다"는 말이나 "아내가 사랑스러우면 처갓집 요강도 예뻐 보인다"는 옛말은 이를 설명한 것이다. 그러나 마취는 언젠가는 깨는 법. 그러면 안 보이던 게 보이고, 안 들리던 게 들리고, 못 맡던 냄새를 맡게 된다. 쉽게 다툼이 생기고, 짜증나고, 실망하게 된다. 남편은 늘씬한 여자만 지나가면 저도 모르게 고개가 획 돌아가고, 아내는 장동건 같은 탤런트 이야기만 한다.

그것을 두고 사랑이 식었다느니 말들 하지만, 그건 아니다. 여러 속성 중 마취 기능만 약해진 것일 뿐이다. 사랑에는 이런 마취 성분 이외에 온유함, 이해, 배려, 관용, 책임, 인내, 정직 등이 있다. 이제 이런 본래의 덕목들이 빛을 발해야 할 때가 온 것일 뿐이다. 어쩌면 마취된 오감이 제 기능을 회복할 때 사랑의 깊이와 폭은 넓어질 수 있다. 마취 상태만을 사랑으로 착각하다가는 열이면 열, 쪼개지거나 곁길로 빠진다.

다시, 제자리로 돌아와

이마에 '원칙'이라고 써 붙이고 다니는 후배가 있다. 세상사를 바라보는 시각이나 태도에서 원리원칙을 중시하고, 인간 관계에서도 도덕적 준칙을 앞세우는 친구이다. 그러나 그도 사십대의 덫을 피하지는 못했다. 우연히 걸려온 전화 한 통이 그의 중년을 흔들었다. 어느 날 결혼하기 전 사귀었던 옛 사랑과 만났고, 그 다음부터는 상황이 급속도로 발전했다. 그가 금쪽같이 귀하게 여겼던 준칙도 잠시 옆으로 밀려났다. 두 번 세 번 만나고, 옛정은 연정으로 발전했고, 삶은 싱그러움을 되찾는 듯했다.

열 사람이 한 도둑 막지 못한다. 그림자도 소리도 냄새도 없이 찾아드는 연정은 더 막기 힘들다. 손에 쥔 모래가 빠져나가듯이 나의 삶이 허망하게 흩어진다고 느낄 때 사람들은 다른 그 무언가를 움켜쥐고 싶어 한다. 필사적으로 내미는 그의 손 혹은 그의 가슴속으로 밀려들어 오는 게 바로 그 연정이다. 결국 그 또한 바람처럼 모래처럼 허망한 줄 알면서도 사람들은 애처롭게 매달린다. 막을 방법이 없다. 바람을 무엇으로 막을 것인가.

그러나 어느 날 문득 그동안 갈무리해 둔 문자들을 보면서 그 너머에 서 있는 아내와 아이들을 보게 됐다. 그리고 그 곁의 나약하고 초라한 중년의 한 사내를 보았다. 그 뒤부터 아내를 속이고 자신을 속이는 것이 못 견디게 괴로웠다. 결국 아내에게 털어놨다. 아내도 조금은 낌새를 채고 있었다고 한다. 기다렸다는 것이다. 응

시와 성찰 끝에 그는 돌고 돌아 제자리로 돌아왔다. 그리고 비로소 사랑의 다른 여러 덕목의 소중함을 알게 됐다.

그는 이 일을 계기로 아내와 이런 약속을 했다고 한다. 아무리 실망스럽고 보기 싫어도 첫째, 반드시 대화로 따질 것 따진다. 하루 이상 대화를 거부하지 않는다. 둘째, 따로 자지 않는다. 같은 이부자리에서 잠을 잔다. 셋째, 잠자리에 누우면 등을 돌리지 않는다. 생각하면 할수록 기가 막히는 방안이었다. 감각적이면서도 이성적이고, 냉정하면서도 따뜻했다. 사랑의 다른 덕목들을 되살리는 데 그것만큼 좋은 것은 없어 보였다. 작은 틈이 넘어설 수 없는 간극으로 커지는 출발은 '대화의 포기'이다. 그것을 강화하는 게 공간을 달리하고, 다른 이부자리를 쓰는 것이다.

그래서 어느 날 나에 대한 실망이 줄어들면, 나는 딸에게 이런 이야기를 하고 싶다. 세 가지 금기 등 맹세를 요구하지 말자. 정직, 이해, 배려, 관용, 인내, 대화 등 사랑의 본래 속성을 확인하자. 사실 서로에게 몰입해 있는 동안엔 그런 다짐 할 필요도 없으려니와, 어느 날 도둑처럼 연애 감정이 들 경우엔 그런 다짐이나 맹세가 오히려 더 일을 숨기고 덧나게 만든다. 중요한 것은 사랑의 여러 덕목을 잘 보존하고 가꾸고 육성하는 것이다. 그러니 싸우더라도 말로 싸우고, 아무리 격해져도 말의 품위를 지키고, 또 그런 품위 있는 대화로 오해와 감정을 풀어내고, 그러기 위해 각 방 혹은 다른 이부자리 쓰지 말자고 손가락 걸고 약속하는 게 좋지 않을까?

아내라는 이름의
하느님

• 김종락

김종락은 산골 농부의 아들로 태어나 촌놈 소리를 들으며 자랐다. 20년 동안 신문 기자로 살았으나 좋은 기사는 못 쓰고 술만 마셨다. 그러다 견디지 못하고 스스로 회사를 그만두었다. 10년 동안 주말마다 강원도 산골 밭에서 열심히 농사를 지었으나 아직도 얼치기다. 그래도 혼자서 직접 지은 작은 집을 자랑스러워하며 한때 직업을 농부라고 쓰기도 했다. 2011년 봄부터 여러 학자들과 어울려 인문학 운동 단체인 대안연구공동체를 꾸려오고 있다. 《스코트 니어링 평전》을 우리말로 옮겼고 여럿이 쓴 몇몇 책에 글을 보탰다.

슬픈, 사랑의 현실

S에게,

얼마 전 나와 같은 나이의 한 지인이 세상을 떠났다. 지난겨울 갑자기 치명적인 암을 선고받고 투병한 지 몇 달이 지나지 않아서였다. 사람들은 그의 발병과 죽음이 마흔 후반에 시작한 정치 탓이라고 수군댔다. 아마 어느 정도는 그럴 것이다. 그러나 결혼을 앞둔 네게 쓰는 이 편지에서 지인의 별세를 먼저 이야기하는 것에는 다른 이유가 있다. 재작년인가 선거에서 공천조차 받지 못한 그가 설상가상으로 이혼까지 당했다는 말을 상가에서 뒤늦게 전해 들으며 10년쯤 전, 그로부터 청첩장을 받을 때 내가 했던 말이 떠올랐기 때문이다.

"이미 청첩장을 돌리고 있으니 늦긴 했지만 그래도 웬만하면 그 결혼, 재고해 보시지?"

농담이었지만 내가 청첩장을 받으며 이런 농담을 한 이는 그 사람뿐이 아니었다. 그 농담이 농담에 그친 것만도 아니었다. 이혼이 급증하면서 가족이 해체되는 건 당시의 사조였기 때문이다. 물론 내 주변에서도 결혼 생활이 파탄에 이른 이들이 하나둘 생겨나고 있었다. 파경에 이른 친구 가운데는 함을 팔아주고, 들러리를 서주고, 집들이에까지 갔던 친구도 있었다. 이혼이 급증한 것에는 여러 가지 이유가 있을 것이다. 여성의 사회 진출이 늘어나면서 지위가 향상된데다 산업화에서 정보화 사회로 넘어가는 와중에 들이닥친 구제 금융 사태의 충격도 만만찮았으니까 말이다. 어쨌거나 친구들의 사생활에 밝은 것으로 정평난 한 녀석은 내게 이런 말까지 했을 정도였다.

"고등학교 친구들 가운데 결혼한 뒤 안정되게 사는 이는 열에 두어 명뿐이야. 한둘은 이미 이혼했거나 이혼 직전이고, 서너 명은 위태위태하고, 나머지도 겉보기에 멀쩡하지만 언제 어떻게 될지 알 수 없으니."

겉보기엔 멀쩡했지만 위태위태한 부류에는 나도 섞여 있었다. 날이면 날마다 술이나 마시는 것도 그랬지만, 무엇보다 나는 아내에게 무례했다. 다른 이에게는 깍듯한 내 예의가 아내와 아이에겐 걸핏하면 실종되는 걸 아내는 이해하지 못했다. 오죽하면 아내가 몇 번이나 다짐하듯이 이렇게 말했을까?

"아이가 자라 혼자 설 수 있게 되면, 우리 헤어지자!"

내 결혼 생활의 실상이 그랬으니 결혼한다고 하는 이들에게 나도 모르게 "결혼은 무슨!" 같은 말이 나오기도 했을 것이다. 우리는 흔히 사랑하는 사람과 늘 함께 있고 싶은 바람과 경제적·사회적으로 더 풍요롭고 안정될 것이라는 믿음으로 결혼이란 것을 한다. 이런 이들을 축하하며 잘살라고 덕담하는 것도 우리의 오랜 미풍양속이다.

그러나 있는 그대로 정직하게 보자. 결혼한 지 5년이나 10년이 지난 뒤에도 결혼할 당시의 사랑과 믿음을 그대로 간직한 경우가 과연 얼마나 되는지. 근래 빠르게 발전한 뇌과학이나 사회생물학 연구 성과는 동물의 하나임에 분명한 우리의 슬픈 사랑의 현실을 적나라하게 드러낸다. 사랑의 유효 기간은 불과 몇 개월. 시내를 빠져나가면 마주치는 새소리 중 상당수도 호시탐탐 배우자 아닌 다른 짝을 유혹하기 위한 노래라고 하지 않느냐.

사랑이 변하지 않을 보장은 어디에도 없을 뿐만 아니라 자칫 가장 격렬한 증오나 혐오로 바뀔 가능성도 늘 존재한다. 지금까지 발생한 살인 사건에서 다른 누구도 아닌 배우자가 그 범인인 경우가 가장 많았다는 조사 결과도, 결혼이 사랑을 보증하지 못한다는 증거 중의 하나이다.

결혼을 하면 경제·사회적인 안정이나 풍요를 얻을 것이라는 기대도 그렇다. 삐끗하면 나락으로 굴러 떨어지는 글로벌 신자유주의 경제 체제가 아니더라도 세상에 안정된 것이 어디 있느냐?

지금 머리 좋고 사지 멀쩡한 사람이 갑작스런 사고로 한순간에 말도 못하는 바보가 되고 장애인이 되고 추악한 외모로 바뀌는 경우를 우리는 주변에서도 자주 본다. 결혼해서 안정을 찾으려다 도리어 결혼 때문에 삶이 어찌할 수 없을 정도로 황폐해진 사람도 수없이 많다.

보이지 않던 것이 보이기 시작했다

S야,

그럼에도 결혼을 앞둔 네게 일종의 격려 편지를 쓰기로 결심한 것에는 이유가 있다. 하나는 내 결혼관이 바뀌었기 때문이다. 여기에는 언제부터인가 내 결혼 생활이 비교적 안정돼 가고 있는 덕이 크겠지. 포기하는 것이 많아졌는지, 마음의 날카로움이 무디어졌는지는 알 수 없으나, 요즈음 아내와 부딪치는 일이 크게 줄어든 것은 분명하다.

어쩌면 마지못해 집안일을 돕던 내가 최소한 설거지와 청소, 빨래 등 몇몇 일은 내가 할 일이라고 생각하게 된 게 도움이 되었을까? 주로 강아지 운동 때문이긴 하지만 퇴근한 뒤 집 주변을 함께 산책하며 이야기를 나눈 게 도움이 되었을지도 모르겠다. 10년 전부터 계속해 온 강원도 산골 밭에서의 주말 농사도 빼놓을 수 없으리라. 처음엔 밭을 갈고, 씨앗을 뿌리고 싹이 돋아나 자라는 것을 보는 재미에 빠져들었던 농사가 이젠 농사라기보다 우리 가족이 주말마다 즐기는 평화의 여정 같은 느낌이 드니까 말이다.

　이보다 중요한 점은 아내를 보는 내 시선이 바뀌었다는 것이다. 요즘 아내를 보면 간혹 가슴이 울컥할 때가 적지 않다. 그런 마음이 자주 드는 장면으로는 유럽에 가 있는 아이에게 김치며 밑반찬을 만들어 보내는 아내의 모습을 들 수 있겠다. 슬하를 떠난 아이를 그리워하며 이것저것 맛난 음식을 만들어 보내는 모습은 30년이란 시차만 있을 뿐 내 어머니 생전과 다르지 않다. 지난해 아이가 유학을 떠나기 직전에는 더했다. 날마다 퇴근하자마자 온갖 정성을 다해 맛있는 것 해 먹이고도 아쉬워하는 아내를 보며, 나도 어머니가 그리워 몇 번이나 눈시울이 뜨거워졌다.

　날마다 출근해서 일하는 것은 나나 아내나 똑같은데 쉬는 날이면 아내는 집안일에 중독이라도 된 듯 일한다. 어쩌면 쉬지도 않고 그렇게 일하느냐고 묻자 아내는 말했다.

　"내가 클 때 엄마가 늘 일만 하는 것을 보며 어쩌면 저럴 수 있을까 했어. 그런데 이제 보니 내가 그렇게 돼버렸네."

　이런 어머니의 모습 못지않게 내게 다가드는 아내는 가능하면 내 편을 들어주는 친구의 모습이다. 이를테면 지난해 여름 내가 예고도 없이 20년 가까이 다니던 회사에 불쑥 사표를 내고 왔을 때가 그랬다. 집안의 경제를 책임진 이가 대책도 없이 실업자가 됐으니 상심하고 걱정하는 것은 인지상정일 터다. 그런데 아내는 말과 표정과 행동 모두에서 그런 기미를 전혀 보이지 않았을 뿐 아니라 오로지 나를 달래느라 애썼다.

　전에는 그렇지 않던 아내가 요즈음 이렇게 바뀌었고 그 전에는 이와 반대였다는 이야기는 아니다. 이미 그 전에도 그랬으나 내가 보지 못했을 뿐이다. 보지 못하던 것들을 보기 시작했으니 내가 변화했다는 말이 맞는 말일 것이다. 그렇다면 내가 변화하게 된 계기는 무엇일까?

　S야,

　신문 기자로 일할 때 종교 분야 취재를 몇 차례 담당한 덕에 종교인, 특히 수행자와 대화할 기회가 잦았다. 대부분 기사를 쓰기 위한 것이었지만 기사와는 상관없이 만나던 이도 적지 않았다. 그중 몇몇 분은 내 마음을 움직이기도 했다. 대표적인 분이 생활 속에서 참선을 수행하며 만만찮은 경지에 이르고 큰 평화를 얻은 것으로 보이는 한 어르신이다. 사람들을 만나며 마음으로 존경하게 된 분이 없지 않지만 아예 스승으로 모시기로 작정한 이는 드물다. 내가 그분을 스승으로 모시며 참선을 해야겠다는 드문 결심을 한 것에는 내 삶이 힘겨웠던 탓이 크다.

　그 중의 하나는 내 일이었다. 오랜 삶의 터전이자 젊음을 보냈던 신문은 내가 생각하는 방향과 정반대로 가고 있는데도 내가 할 수 있는 게 보이지 않았다. 목구멍이 포도청이라 자조하며 도피하거나 술 마시는 것이 전부였다. 말도 안 되는 기사 마감하고 한 잔,

말이 되는 기사 못 써서 한 잔. 스스로와 세상에 대한 분노만 키우며 늙어가는 나는 내가 봐도 위태로웠다.

참선을 했다고 하지만 뭐, 대단한 건 아니었다. 새벽에 출근하기 전 한 시간, 밤에 잠자기 전 한 시간, 가부좌 틀고 앉아 있는 것이 전부였다. 그나마 새벽에는 출근하기에 급급해 15분이나 20분 정도 숨만 고르다 회사로 갈 때도 많았다. 그래도 느낌은 괜찮았다. 화두로 받은 '무無' 자를 단전에 얹어놓고 가만히 참구하다 보면 단전이 든든해져 일상에 활력이 생기기도 했다. 물론 그렇게 앉아 있으면서 얻는 활력이나 기분 좋음이 참선의 요체는 아니었다. 참선이 깨달음을 추구하는 이상, 매주 스승에게 가서 공부 내용을 점검받아야 했는데, 일주일 동안 깨달은 내용이 있는 때가 별로 없었다. 머리로 짜낸 대답을 이것저것 내놓다 퇴짜 맞는 일이 거듭됐다. 몇 달 해도 공부에 진전이 없었다.

아니다. 생활이 조금 달라지는 것도 진전이라고 할 수 있다면 진전이 전혀 없었다고 할 순 없다. 집안에 들고 나면서 현관에 흐트러진 신발을 슬그머니 정돈하는 것부터가 그랬다. 걸핏하면 회사 탓, 세상 탓 하며 술에 절어 있던 삶의 태도도 아주 조금 바뀌었다. 여기서 작지만 가장 중요한 결심은 '지금, 여기'에 집중하려 애쓴 것이었다.

그래서 어떻게 됐느냐고? 슬프게도 그게 전부였다. 시작한 지 반년쯤 지났던가, 매일 참선을 하기에는 너무 분주한 곳으로 회사

보직이 바뀐 뒤 다시 사람 만나고 술 마시는 횟수가 늘어나면서 참선을 빼먹기 시작했고, 그러다 보니 생활이 다시 원점으로 돌아갔다. 그래도 소득은 없지 않았다. 진리가 멀리 있는 대단한 것이 아니라 우리 생활의 지극히 사소한 가운데 널려 있다는 분명한 깨달음만 해도 그렇다. 내가 불만스러워하는 회사의 입장이 쉽게 바뀌지 않을 것을 알고 아예 사표를 낸 일도, 한 번밖에 존재하지 않는 순간에 충실하자는 나름의 선택이었는지 모르지. 늘 대하던 사람을 좀 더 정성스럽게, 과장하자면 하느님 모시듯이 해야 한다는 생각도 간혹 했다. 물론 이는 생각이었을 뿐 행동은 정반대인 경우가 더 많았지만 말이다. 생각대로 했다면 난 지금쯤 엄청난 도인이 되어 있겠지.

가장 약한 모습으로
내 곁에 온 하느님

S야,

결혼 이야기를 하면서 엉뚱한 쪽으로 빠졌구나. 어쨌거나 결혼이 사랑의 무덤일 뿐 아니라 안정 또한 보증하지 못함을 잘 알고 있음에도, 나는 이제 "웬만하면 그 결혼 다시 생각해 보시지"라는 따위의 냉소는 하지 않는다. 하기에 따라 결혼이야말로 우리의 삶을 고양시켜 줄 가장 강력한 계기가 될 수도 있음을 절감한다. 그렇게 느끼게 된 것에는 지금, 여기서 제대로 사는 것의 중요성을 절감한, 길지 않은 참선 경험도 도움이 되었다.

내친김에 비슷한 이야기를 좀 더 하자. 며칠 전 교회에 다닌다는 한 친구와 자리를 함께하다 우연찮게 종교 이야기를 나눴다. 네게도 여러 차례 말했듯이 나는 교회에 비교적 열심히 출석하는 편이지만, 동시에 기독교가 이웃 종교와 대화해야 한다고 믿는 쪽이다. 이런 생각은 내가 출석하는 교회의 목회자도 마찬가지이다. 그래서 교회에만 구원이 있다며 이웃 종교에 배타적인 교회의 목회자나 신자들과는 종교 이야기를 피하는 편이다. 그런데 알고 보니 그는 이른바 대형 교회에 다니는 신자였다.

"알 만한 분이 왜 그런 교회에 다니시나?"

이야기를 하다 아차, 하며 중단했지만 입 속에서는 다음 말이 뱅뱅 돌고 있었다. 국내 기독교의 문제가 대부분 대형 교회에서 파생하고 있다는 것 정도는 모르지 않을 텐데, 하느님보다 돈과 권력을 좇으며 이 땅에 하느님의 뜻이 이루어지게 하기보다 자신들의 특권을 유지하느라 정신없고, 신도들 헌금 받아 겉만 번드레한 '성전' 짓기에 바쁜 교회, 이런 교회에 만만찮은 액수의 헌금까지 하다니 말이 되는가? 그도 내가 중단한 말을 모르지 않는 듯했다.

"나도 대형 교회의 문제는 잘 알고 있다. 그래서 목사나 돈을 하느님으로 모시지도 않고, 외형만 그럴듯한 교회 건물을 '성전'이라고 생각하지도 않아."

그러면서 그는 자신이 받드는 성전은 교회 건물이 아니라 늘 생활하는 가정과 직장이라고 말했다. 따라서 우리 곁에 오신 하느님도 설교를 하는 목사가 아니라 늘 대하는 아내와 아이, 그리고 직장 동료라는 이야기였다. 아내의 얼굴로, 아이의 모습으로 내 곁에 온 하느님이라.

나는 그가 어떤 경로를 거쳐 이런 신앙에 이르게 되었는지 알지 못한다. 하지만 결혼한 지 20년이 된 그의, "아내와 아이는 가장 가까운 곳에서 가장 자주 뵙는 하느님"이라는 이야기는 내 작은 깨달음과 다르지 않았다. 이 땅에서 정치나 종교 이야기는 금기 중의 하나지만 대화하는 상대와 서로 죽이 맞다면 정치나 종교 이야기를 하는 것도 괜찮다 싶더구나.

S야,

지금까지 횡설수설했던 이야기를 이제 결혼을 앞둔 네게 던지는 한 가지 질문으로 정리하겠다. 결혼을 앞두고 참으로 바쁘겠지만 가능하다면 홀로 있는 시간을 만들어 스스로에게 진지하게 한 번 물어보아라.

"나는 내 결혼 상대를 하느님으로 모실 몸과 마음의 자세가 되어 있는가?"

물론 지금은 이 질문이 떨어지자마자 "그렇다!"고 대답할 가능성이 크다. 멀리서 보아도 네 눈에 씌워진 콩깍지가 보이는데 네 사랑하는 사람을 하느님 아닌, 그보다 더 고귀한 분으로 모시라고 한들 그러지 못하겠다고 답할까? 그래서 다시 묻는다.

"눈에서 콩깍지가 떨어지고 난 뒤 찾아든 권태기, 아내와 그 주변 사람에게서 온갖 약점이 보이고 정나미 떨어지는 일조차 속속들이 알게 됐을 때도 그를 하느님으로 모실 수 있느냐? 아내는, 가장 약한 모습으로 우리 곁에 오신 진짜 하느님이란 사실을, 늘, 잊지, 않겠느냐……"

매순간 2퍼센트
더 행복해지는 비법

• 달마

달마는 독일에서 태어났고 물리학자로 살다가 서른두 살에 오쇼 라즈니쉬의 제자로 입문한 뒤, 25년간 여러 오쇼 공동체에서 명상과 삶이 하나된 경험을 해왔다. 인도 푸나에 있는 오쇼 공동체에서 17년을 생활한 뒤 한국에 오게 되었고, 우연한 첫 한국 나들이 이후 현재까지 6년 째 이 땅에서 살고 있다. 지금은 부인이자 친구인 풀라와 함께 소나무와 개울이 아름다운 공주시 미암리에 살면서 주중에는 텃밭과 꽃밭을 가꾸고, 주말에는 길 위에서 다양한 사람들을 만나 자기 탐구 여행을 안내하고 있다.

처음이자 마지막인 매순간

아침 햇살이 참 좋다. 사방으로 난 창문을 통해서 불어오는 산들바람이 피부에 닿는 느낌도 좋고. 어디에 눈을 두어도 초록의 산과 코발트 빛 하늘을 만날 수 있는 이곳. 산과 들에서 불어오는 이 아침의 바람을 통해서 나는 소나무의 소식도 듣고 밤나무의 안부도 접한다. 불볕더위 속에서 성장의 키를 높여가고 있는 벼 이삭과 저 높은 하늘까지 담고 있는 산들바람, 나는 운 좋게도 이런 곳에서 눈과 귀뿐만 아니라 피부로도 자연의 생기를 만나고 있다.

환한 아침이 내 방을 찾아들라치면 나는 슬며시 잠에서 깨어나 몸을 돌려 눕는다. 잠깐 동안 무릎을 잡아당긴 자세로 오체를 바닥에 붙인 채 절을 한다. 절이라고는 했지만 뭐 특별히 정해둔 대상이 있어 몸을 낮추는 것은 아니고, 그저 들판의 풀포기와 돌멩이가 존재계 앞에서 늘 몸을 낮추고 있듯 나 역시 이 아침을 가장 낮은 자세로 맞이하고 싶은 것뿐이다. 물론 막 잠에서 깨어난 몸이 천천히 아침을 맞이할 수 있도록 시간을 좀 갖자는 의미도 있다.

아침의 고요 속에서 토닥토닥 땅콩 밭 한쪽의 무너진 고랑을 높여주고, 제법 가지를 여럿 내뻗고 있는 토마토의 지주대도 세워주고, 새로 일군 감자밭에 음식물 쓰레기로 만든 비료도 뿌려주고, 밤사이 훌쩍 자란 잡초를 정리한 뒤 한바탕 시원하게 물을 뿌려주고 나면 텃밭과 꽃밭이 새로운 생기로 가득 채워진다. 내가 이렇게 텃밭에서 혼자만의 아침을 즐기고 있는 동안 나보다 좀 늦게 눈을 뜨는 아내 풀라는 밤새 닫혀 있던, 바깥으로 난 창문들을 죄다 열어젖힌 뒤 아침 명상을 위한 준비를 한다.

일상의 행복, 주어진 순간에 온전히 몰입하는 동안 "매순간이 곧 처음이자 마지막 순간"이라는 진리는 너무나 당연하고 평범한 사실이 되어 다가온다. 그렇게 본다면 행복한 삶이라는 표현은 맞지 않는 것 같다. 오히려 행복한 순간, 순간들이라고 말해야 하지 않을까? 인생을 한 꼭짓점에서 반대편 꼭짓점까지 연결된 직선으로 본다면 모를까, 매달 납부하는 보험료가 쌓여간다고 해서 우리가 곧 예측 가능한 미래를 살 수 있는 것은 아니니까 말이다.

오직 행복, 행복만 있을 거야, 그런데……

우리는 누구나 다 행복해지고 싶어 한다. 원하는 모든 것이 충족되는 삶, 우리가 가진 모든 꿈이 이루어지는 삶, 두 개의 꼭짓점 사이에 그어진 직선처럼 휘어지거나 끊어지지 않고 내가 원하는 바로 그 지점, 정확하게 그 지점까지 무난히 도달하는 삶, 그것이 바로 완벽한 행복이라고 믿고 있다. 당신도 그렇지 않은가?

결혼을 앞둔 당신, 직선의 행복을 완성시켜 줄 완벽한 남자를 선택한 당신은 이제 속도 무제한의 질주를 위한 막바지 준비를 하느라 딴 생각을 할 틈이 없다. 대리석 바닥에다 분수가 뿜어져 나오는 최고의 예식장을 예약하고, 세상에서 가장 행복한 신부에게 어울릴 웨딩드레스도 맞추고, 둘이 함께 완벽한 행복을 가꾸어나 갈 아파트와 누구나 부러워할 만한 가구들을 마련하느라 정신이 없을 터. 며칠 이내에 당신은 이 세상에서 가장 행복한 사람이 될 것이다. 모든 꿈이 눈앞에서 이루어지는 기적과의 조우를 위한 카운트다운이 시작된 셈이다.

이제 곧 당신의 남편이 될 그는 당신의 눈을 보는 것만으로도 당신이 원하는 게 무엇인지 단박에 읽어낼 수 있는 사람일 게다. 그리고 당신이 문장을 채 끝맺기도 전에 빛의 속도로 달려 나가 '꿈의 사명'을 완수해 낼 테고. 당신은 그저 "어디 어디에 가고 싶다"고 말만 하면 된다. 아니, 가보고 싶은 곳에 대한 생각을 하는 순간 그가 막 두 장의 표를 손에 들고 나타날 게다. 혹은 갖고 싶은 것의 이미지를 떠올리는 순간, 그 물건들을 두 팔 가득 안은 채 나타난다든가. 이제 당신의 밤은 더 이상 외롭지 않을 거다. 언제나 그가 24시간 영업중인 편의점처럼 불을 밝힌 채 당신의 앞뒤를 지켜 줄 테고, 한밤중 가위 눌려 깨어난 당신을 위해 넉넉하고 따뜻한 가슴을 항상 준비하고 있을 테니 말이다.

그는 당신이 이 세상에서 가장 아름다운 공주임을 알아볼 수 있는 눈을 가졌으니, 단 한순간도 당신에게 고정된 눈을 다른 곳으로 옮겨놓질 못한다. 당신만의 추종자, 당신의 일거수일투족이 그저 놀랍고 황홀한 까닭에 두 눈은 감길 줄 모르고 벌어진 입은 다물어질 줄 모른다. 어두운 밤, 잠을 잘 때조차 두 눈은 당신의 모든 순간을 담고 싶은 욕망에 뜬눈으로 새벽을 맞이하게 될 테고.

당신은 그가 죽을 때까지 '어쩌다 내게 이런 행운이 찾아왔을까?' 의아해하며 "나는 행운아!"를 목청 높여 노래할 거라고 생각하고 있다. 이 넓은 세상에서 당신을 찾아내고야 만 행운, 당신의 완벽한 배우자로 선택된 행운, 평생 당신의 그림자로 살아갈 수 있게 된 행운. 굳이 답을 찾자면 당신이 바로 그의 소울 메이트라는 것, 그것 외에 다른 답이 뭐가 있겠는가? 무수하게 많은 전생의 바퀴들이 움직이기 시작할 때마다 당신 둘은 만났을 것이고, 무수하게 많은 전생의 바퀴들이 멈출 때마다 당신에 대한 사랑으로 그의 가슴이 찢어졌을 것이다. 영혼의 동반자, 당신의 운명의 발단 전개가 기술된 책에도 아마 두 사람이 마침내 사랑의 완성을 위해서 이번 생에 반드시 만나고야 말 것이라는 내용이 적혀 있었을 게다.

그나저나 다가올 결혼식을 위해서, 완벽한 행복을 위해서 이렇게 준비할 게 많으니 '결혼 전 필독서'인 이 책을 펼쳐볼 시간이나 있을까? 결혼의 외벽을 입히느라 소비되는 많은 시간, 포장지만 화려한 선물 상자를 건네지 않으려면 그 속도 부지런히 채워가야 할 텐데 말이다. 그러나 눈코 뜰 새 없이 바쁘게 많은 것을 준비하는 가운데서도 정작 당신 자신을 준비시킬 기회는 얻기가 어렵다. 어쩌면 이 점이 결혼이라고 하는 이 특별한 사건의 특징일 수도 있겠다. 그리고 바로 여기에 가장 큰 문제가 놓여 있다고 말한다면, 당신은 어떤 느낌을 갖게 될까?

하다못해 회사 면접관 앞에 서려고 해도 우리는 몇 주 전부터 무수하게 많은 연습과 가상 실습을 행해본다. 배우가 무대에 서기 전에도 몇날 며칠 동안 리허설이라는 과정을 거치게 마련이다. 완벽한 무대 공연을 위해 극의 처음부터 끝까지 대사 한 마디 빼놓지 않고 같은 상황을 연습하고 또 연습하는 시간을 갖는 것이다.

그런데 결혼을 앞둔 당신은 어떤가? 당신은 어떻게 그리고 언제 평생 계약직 아니 종신형 무대에 해당되는 결혼을 실습하고 리허설해 볼 것인가? 무대에 선 배우들이야 공연 첫날 부족한 부분이 발견되면, 밤새 연습을 해서 다음날 좀 더 나은 무대를 만들 수라도 있지만, 결혼은 그런 가능성조차 없지 않은가? 무대 위의 배우처럼 잘될 때까지 같은 장면을 시도해 볼 수가 없으니 말이다.

결혼은 더 나은 다음 무대를 위한, 리허설이 허용되지 않는 무기한 장기 공연이자 첫 출발부터 제대로 시작되지 않으면 안 되는 역대 최고의 사건이라는 사실, 당신은 알고 있는가? 그게 바로 사람들이 처음부터 제대로 된 상대, 완벽한 배우자를 찾기 위해 전전긍긍하는 이유라는 것을 말이다. 만일 그릇된 선택을 한다면 평생 지옥 생활을 면하기가 어려울 테니 쉽게 낙점할 수가 없는 일이다.

당신도 그렇겠지만 세상의 모든 남자들과 여자들은 평생 동안 천사들의 음악이 끊이지 않는 천국에서 살게 되기를 원하고 있다. 물론 지금 이 순간 당신은 자신의 선택과 결정에 대해 추호의 의심도 없다는 걸 나도 알고 있다. 모든 게 그저 완벽하게 여겨질 뿐만 아니라 당신의 눈앞에 서 있는 이 남자가 '바로 그 사람'이라는 데 한 치의 흔들림도 없을 테니까 말이다.

그런데 손이 닿지 않는 등의 어느 지점에서 감지되는 이 가려움증은 뭘까? 손톱을 바짝 세워 긁을 필요까지는 없지만 모른 척 무시하고 넘어가기에는 자꾸만 신경이 쓰이는, 이 미묘한 떨림 말이다. 마치 당신을 결혼식장까지 태우고 갈 승용차의 후드 위에 묻어 있는 작은 얼룩처럼, 별것 아니라는 듯 외면하려고 하지만 자꾸 시선이 집중되도록 만드는 불편한 느낌, 도대체 이 껄끄러운 느낌을 어떻게 해야 할까?

당신의 걱정을 덜어줄
마법의 주문

이 시점에서 당신이 원하는 것은 아마도 누군가가 당신을 붙잡고 "에이, 걱정할 게 뭐가 있다고 그래? 너는 마침내 영혼의 반쪽을 찾아낸 거야. 내가 보장컨대 이제 네 앞에는 오직 행복, 행복만 있을 거야. '그리고 왕자와 공주는 오래오래 행복하게 살았다!'라는 말은 바로 너와 너의 왕자님을 두고 하는 말이 될 거야"라고 말해주는 것일 게다. 당신이 듣고 싶어 하는 말을 해줄 수 있는 사람이 나였으면 좋겠지만, 사실 그건 내게 허용되지 않은 일이다. 영원한 행복을 거짓이라 생각하기 때문이 아니라 그것이 자칫 신의 영역을 제 안방처럼 차지하려는 인간의 오만함으로 작용할 수 있다고 여기기 때문이다.

영원한 행복 혹은 완벽한 삶은 가능한 것일까? 이슬람 문화권에는 수피Sufi라고 알려진 지극히 지성적인 사람들이 있다. 신의 연인들인 그들은 이렇게 말한다. "우리 인간이 창조해 낸 것은 아무것도 완벽할 수 없다. 오직 신만이 완벽하다."

세상에서 가장 뛰어난 손재주를 가진 장인이 완벽한 조각품을 창조해 낼 경우, 그는 얼른 송곳을 들어 조각품에 손톱만한 크기의 긁힌 자국을 만들어낸다. 왜냐하면 누구도 신과 완벽성을 겨룰 수 없다는 것을 그가 이미 알고 있기 때문이다.

그렇다고 포기하기에는 아직 이르다. 당신에게 확정적인 미래, 오직 행복에서 시작하여 행복으로 이어질 안전한 미래를 약속해 줄 수는 없지만, 지금 이 순간 당신을 괴롭히고 있는 등 쪽의 가려움증을 해결해 줄 수 있는 마법의 주문을 내가 여러 개 알고 있기 때문이다. 그러니까 내가 당신의 승용차 후드 위에 묻어 있는 작은 얼룩을 말끔히 없애줄 수는 있다는 말이다. 어쩌면 이 마법의 주문은 조만간 결혼의 아우토반 위에 올라설 당신이 일상에서 만나게 될 무수한 얼룩을 제거하는 데 도움을 줄 수도 있을 것이다.

자, 이제부터 네 가지 마법의 주문을 알려줄 테니 주의 깊게 들어보라.

주사위는 보이지 않는 다섯 개의 면을 감추고 있다

첫 번째 마법의 주문은 이렇다. "주사위는 보이지 않는 다섯 개의 면을 감추고 있다. 알라카잠!"

관점의 이동 테크닉이다. 묵은 사진을 새로운 사진틀에 끼워 넣음으로써 새로운 사진을 만들어내는 기법이다. 혹은 사물을 비추고 있는 조명의 각도를 약간 옆으로 옮겨놓음으로써 시각의 이동을 이루어낸다고 말할 수도 있다. 당신이 가진, 작은 얼룩만한 의심이라는 사진을 새로운 사진틀에 끼워 넣어보면 어떤 모양이 될까? 바로 이런 모양이 되지 않을까?

"삶에서 약간의 의심은 좋은 것이자 필수불가결한 요소이다. 과학 분야와 마찬가지로 새로운 경험의 가능성이 무한대로 펼쳐져 있는 삶이라는 영역에서도 발전과 향상이란 전적인 만족 상태가 아니라 약간의 의심을 모태로 태어나기 때문이다. 그러니 종신형 계약식을 눈앞에 둔 당신, 약간의 의심이 존재하는 건 당연한 일이요 발전과 향상의 가능성을 알려주는 청신호라고 말할 수 있다. 이 얼마나 다행스러운 일인가? 만일 결혼에 대해서 추호의 의심도 없어야 한다고 말하는 사람이 있거든, 그거야말로 의심해 보아야 한다. 그렇지 않은가?"

결혼 이후 만나게 되는 순간들은 당신이 '싱글'로 살아오면서 겪었던 순간들과는 전혀 다를 것이다. 간혹 익숙한 얼룩을 발견하거나 가려움을 느낄 때도 있겠지만, 혼자가 아닌 '둘이 함께' 직면해야 한다는 근본적인 차이점을 가지고 있기 때문이다. 처음 그를 만났을 때는 호감의 대상이었던 '둘 사이의 차이점'이 시간이 지남에 따라서 '관계의 장애물'로 변해갈 수도 있고, 한 남자와 한 여자의 느낌과 감정에만 충실하면 되었던 연애 시절과 달리 결혼을 통해 인연을 맺게 된 두 가족체의 관계를 염두에 두고 살아야 한다는 게 짐으로 작용할 수도 있다. 물론 이 외에도 얼룩과 가려움은 일상의 여러 국면에서 여러 가지 형태로 당신의 시선을 자극하게 될 게다.

그럴 때마다 이 첫 번째 마법의 주문을 사용해 보라. "주사위는 보이지 않는 다섯 개의 면을 감추고 있다." 그런 다음 꼭 세 번, 이렇게 외쳐야 한다. "알라카잠! 알라카잠! 알라카잠!" 알라카잠은 잊힌 고대의 언어로 아주 효과적인 마법의 주문이다. 단 정확한 발음으로 꼭 세 번씩 외울 것!

그나저나 피부가
어쩌면 이렇게 좋으세요?

두 번째 마법의 주문이다. "그나저나 피부가 어쩌면 이렇게 좋으세요? 알라카잠!"

혼돈 유발 테크닉이다. 나는, 등 쪽의 미세한 가려움 따위는 별로 중요하지 않다고 여기게 만들 정도로 당신의 흥미를 끌 만한 대화를 지금 당장 시작할 수도 있다. 그리하여 당신의 관심을 순식간에 다른 곳으로 옮겨놓을 수 있다. 이 테크닉은 입사 동기가 먼저 승진을 하게 되었다는 소식을 전하면서 침울해하는 남편이나, 동창들 모임에서 전해 들은 다른 집 자식의 성공담 때문에 머릿골을 싸매고 누운 시어머니의 두통을 가라앉히는 데 탁월한 효과를 가지고 있다. 물론 친구의 남편이 승진을 하게 되었다는 소식을 듣고 급성 위경련에 시달리는 전업 주부의 통증을 가라앉힐 때도 약효를 보장할 수 있고 말이다.

결혼을 앞두고 가려움증에 시달리고 있는 당신에게는 이런 처방전을 써보면 어떨까?

"그나저나 피부가 어쩌면 이렇게 좋으세요? 잡티도 하나 없고, 어린아이 피부가 따로 없네요. 게다가 미모는 또…… 남자들 꽤나 울렸겠어요. 지금도 밖에만 나가면 이 미모에 정신이 팔려 몇 정거장을 걸어가게 될 남자들이 수두룩할 테지요. 도대체 비결이 뭐예요? 나한테만 살짝 알려주세요."

살다 보면 잠깐 동안 상황으로부터 떨어져서 머리를 식혀야 할 때가 있다. 손톱만한 불편함이 눈덩이처럼 불어나기 전에 서너 걸음 떨어져서 시선을 가볍고 편안하게 두다 보면 가슴이 훨씬 편안해진다. 새롭고 가벼워진 눈으로 상황을 보게 될 때까지 잠깐 동안 나로부터 떨어져 있을 필요가 있을 때, 이 주문을 사용해 보라. 그리고 마지막에 꼭 세 번 이렇게 외쳐야 한다.

"알라카잠! 알라카잠! 알라카잠!"

그나저나 이 글을 읽고 있는 당신의 피부는 지난겨울 내가 만난 첫눈, 첫 눈송이처럼 맑고 투명하기 그지없으니, 동화 속 백설공주라 하더라도 당신 앞에서는 명함조차 못 내밀고 돌아설 게 뻔하다! 알라카잠!

사랑은 2퍼센트 얹어서, 미움은 2퍼센트 덜어서 돌려준다

세 번째 마법의 주문은 이것이다. "사랑은 2퍼센트 더 얹어서 돌려주고, 미움은 2퍼센트 덜어서 돌려준다. 알라카잠!"

주기와 받기 사이의 균형 테크닉이다. 남녀 관계란 주기와 받기가 계속되면서 균형을 유지해 나아가게 된다. 예컨대 그가 당신에게 솜사탕만큼의 사랑을 주면 당신도 그에게 무언가를 돌려주고 싶어진다. 이때 그에게서 받은 사랑에다 2퍼센트의 토핑을 더 얹어서 돌려주는 거다. 그러면 그도 거기에 2퍼센트를 더 얹어서 당신에게 돌려주게 될 테고, 당신 역시 다시 2퍼센트를 더 얹어서 돌려주게 된다. 이렇게 하면 남녀 사이에서 매번 주기와 받기가 이루어질 때마다 사랑이 2퍼센트씩 커가게 된다.

물론 둘 사이에 이와 같은 긍정적인 주기와 받기만 있는 건 아니다. 살다 보면 언성을 높이면서 서로에게 상처를 줄 때도 있다. 당신은 '사랑을 담은 복수'라는 말을 들어본 적이 있는가? 그가 당신에게 솜사탕만한 상처를 주거든, 당신도 그에 합당한 크기의 상처를 돌려주어야만 한다. 그렇지 않고 상대방이 던진 상처에 대해 당신이 복수가 아닌 용서를 돌려줄 경우, 둘 사이는 더 이상 평등한 관계가 아닌 '용서하는 사람과 용서받는 사람' 혹은 '신과 죄인' 내지는 '우월한 사람과 열등한 사람'이라는 수직적인 관계로 돌변해 버린다. 당연히 둘 사이의 조화는 깨지고 관계는 파국을 향해 치달을 수밖에 없다.

그러므로 그가 상처를 주거든 그에게 복수를 하되 '사랑이 담긴 복수'를 하도록 하라. 이 말은 곧 그가 당신에게 솜사탕만한 상처를 주거든, 그에게 상처를 돌려주되 2퍼센트를 덜어낸 뒤 돌려주라는 거다. 그러면 그도 당신에게 복수를 하되 2퍼센트를 덜어서 돌려줄 테고, 당신은 다시 2퍼센트를 덜어서 돌려주게 될 것이다. 그렇게 하면 매번 주기와 받기가 진행될 때마다 서로에 대한 미움이나 부정적인 감정은 2퍼센트씩 줄어들게 된다.

끊임없는 주기와 받기 속에서 도달하게 되는 혹은 유지되는 남녀 관계의 균형. 하지만 꼭 기억해야 한다. 사랑은 2퍼센트 더 얹어서 돌려주고, 미움은 2퍼센트 덜어서 돌려줘야 한다는 것을. 그리하여 "사랑은 2퍼센트씩 커지고, 미움은 2퍼센트씩 줄어들고. 알라카잠! 알라카잠! 알라카잠!"

마지막 히든카드

네 번째 마법의 주문, 이건 마지막 히든카드이기 때문에 알려줄 수 없다. 앞선 세 개의 주문이 실패할 경우―물론 그런 일은 거의 일어나지 않지만―사용할 비장의 해법이라 지금은 꺼내놓지 않을 생각이다. 혹시라도 이 세 개의 주문으로도 해결되지 않는 문제가 있거든 찾아오라. 그때 이 비장의 카드를 보여줄 테니!

이 역시도 지나가리라

결혼을 앞둔 당신, 이제 앞으로 전진하는 일만 남아 있다. 상품의 홍보 기간은 끝났고, 소비자는 이미 물건을 구매해 버렸다. 고객 불만족시 교환이 가능했던 연애 기간도 이미 끝났으니, 설사 구매한 물건이 마음에 들지 않더라도 책임은 사용자인 당신의 몫일 뿐. 결국 당신이 스스로 선택한 결과에서 최대치를 일궈내느냐 마느냐, 결정은 당신에게 달려 있다.

공주와 왕자가 만나서 부부가 되는 동화들을 보면 하나같이 "그리고 그들은 오래오래 행복하게 살았다"라는 문장이 마지막을 장식한다. 이 말이 결코 그들의 삶이 두 점을 이어놓은 직선처럼 쭉 평탄하기만 했다는 건 아닐 것이다. 오히려 매순간을 처음이자 마지막 순간이라 여기면서 아니, 매순간을 생애 최고의 순간으로 만들기 위해서 두 사람이 끊임없이 노력하고 또 노력했다는 의미를 담고 있을 터. 이제 한 번도 경험해 본 적 없는 세계로의 입성을 눈앞에 둔 당신, 삶이라는 일기장에 매번 새로운 경험이 적힐 때마다 당신의 매순간은 2퍼센트씩 풍요로워지겠지. 어쩌면 당신의 동화책 끝머리에는 이런 문장이 쓰일지도 모른다.

"그리고 왕자와 공주는 매순간 2퍼센트씩 더 행복하게 살았다!"

당신의 건투를 빌며, 여기 수피의 이야기 한 편을 당신의 결혼 선물로 바치고자 한다.

왕은 어려운 상황에 처해 있었다. 이웃 나라에서 그의 왕국을 공격하려고 준비가 한창이라는 소문이 자자했기 때문이다. 불안감에 시달리던 왕은 자신에게 힘을 줄 수 있는 마법의 반지를 찾아야겠다고 생각했다. 그 반지는 슬플 때 보면 행복해지고, 행복할 때 보면 슬퍼지게 만드는 신비스러운 힘을 가지고 있었다. 그는 왕국의 재상과 현명한 사람들에게 반지의 행방을 물었다. 그러나 누구도 시원한 대답을 해주지 못했다. 그러다 마침내 아주 늙고 현명한 노인이 반지를 가지고 있다는 사실을 알게 되었다.

그러던 어느 날, 노인이 왕궁을 찾아왔다. 그는 왕을 바라보더니 자신의 손가락에 끼고 있던 반지를 빼주었다. 반지를 건네주면서 그가 왕에게 말했다.

"이 반지의 주인이 되려면 한 가지 약속을 해주셔야 합니다. 반지에 박힌 보석 뒤에는 아주 중요한 메시지가 적혀 있습니다. 모든 것을 다 잃었을 때, 오직 그때 이 메시지를 읽으실 수 있습니다. 그 전에 봐서는 절대로 안 됩니다."

왕은 흔쾌히 노인이 내건 조건에 동의했다.

얼마 후 이웃 나라가 대병력을 이끌고 침공을 했다. 한동안 나라 안에 검은 연기가 끊이지 않았고, 결국 왕은 전쟁에서 지고 말았다. 그는 모든 걸 포기한 채 도망을 쳐야 했다. 등 뒤에서는 적국의 군사들이 함성을 지르며 그를 추격하고 있었고, 죽을힘을 다해서 달리던 말은 고꾸라져 일어나려고 하지 않았다. 게다가 왕의 눈앞에는 천 길 낭떠러지가 펼쳐져 있었다. 모든 걸 잃게 된 왕은 손가락에서 반지를 뺀 뒤 보석의 뒷면이 보이도록 반지를 거꾸로 들었다. 거기에는 다음과 같은 메시지가 적혀 있었다.

"이 역시도 지나가리라!"

네 번째 이야기···

마법이 풀릴 때
진짜 사랑이 시작된다

진심으로 네 남편과 네 주변 사람을 사랑하고 정성을 다해라. 아무것도 속이려 하지 마라. 인생의 핵심은 바로 이것이란다. 어떤 관계보다도 가장 무겁고 귀한 것이 네 아이의 아버지가 될 사람과의 관계란 것을 알겠지? 그건 능력과 매너와 외모에 혹하는 연애보다 훨씬 깊고 진지한 것이란다. 서로의 상처와 무의식을 나누면서 그와 함께 '동반 성장' 해 가렴! 이것이 결혼을 망설이는 너에게 보내는 나의 최선의 축복이다.

깊은 무의식까지
함께 나누는 관계

• 김서령

김서령은 경상북도 안동에서 태어나 경북대학교 국문과를 졸업했다. 현재 칼럼니스트로 '오래된이야기연구소' 소장으로 있다. 《매일경제신문》과 《샘이깊은물》의 기자를 거쳐 신문과 잡지에 인물 칼럼과 시사 칼럼을 연재해 왔다. 개인의 역사뿐 아니라 해묵은 집과 물건에 담긴 이야기를 궁구하고 탐색하는 작업에 특별한 흥미를 가지고 있다. 현재 《중앙일보》에 〈김서령의 이야기가 있는 집〉, 《신동아》에 〈김서령의 여기 사는 즐거움〉을 연재하는 중이다. 저서로 《안동장씨, 400년 名家를 만들다》《여자(女)》《삶은 천천히 태어난다》《김서령의 家》 등이 있다.

결혼을 망설이는 너에게

전철을 탈 때면 노신魯迅의 얄팍한 산문집을 들고 탄다. 몇 달 동안 책을 바꾸지 않는다. 반복해서 읽어도 자꾸만 새로운 게 노신이다. 나는 그 이유를 정직 때문이라고 생각한다. 철저하게 정직한 글은 쓰는 이에게는 괴롭겠지만 읽는 이에게는 싱그럽다. 다시 봐도 새로운 힘이 느껴진다.

오늘은 〈아이들에게〉라는 제목의 산문을 읽었다. 이건 노신 자신의 글이 아니라 일본인 아리시마 다케오有島武郎의 책에서 같은 제목의 글을 옮겨온 것이다. 옮겨왔더라도 역시 노신의 음성이 느껴진다.

시간은 자꾸 흘러간다. 너희의 아버지인 내가 후에 너희에게 어떻게 비칠 것인가? 그것은 상상할 수 없다. 아마 내가 지금 여기서 사라져간 세대를 비웃고 연민하듯 너희도 나의 케케묵은 마음가짐을 비웃고 연민할지 모른다. 그러나 나는 너희 스스로를 위해 그렇게 하지 않기를 바란다. 너희는 나를 발판으로 삼아, 높고 멀리 나를 뛰어넘어, 앞으로 나아가야 한다.

결혼을 망설이는 너에게 해줄 말을 나는 벌써 며칠째 찾고 있었다. 그러나 그건 좀처럼 말이 되어 나오지를 않는다. 우리 엄마가 내게 해줬던 말들—"참을 인忍 자 셋이면 살인도 면한다" "여자가 한 번 참으면 집안이 세 번 편하다" "시어른의 말씀은 암만 글러도 우선 '네' 하고 순종해라"—은 한 세대 만에 완전히 효력을 상실해 버렸다. 엄마가 외할머니에게 들었던 그 얘기를 너에게 반복하고 싶은 생각은 추호도 없다.

그 대신 내가 하고 싶은 말은 "정직하게 진심을 다하는 관계를 맺어라" "물건에 치이지 마라" "너만의 서재를 가져라" "이삿짐에 책보다 옷가지가 많은 것을 부끄럽게 여겨라" "돈을 모으느라 에너지를 낭비하지 마라" "공부의 즐거움을 깨달아라" "오래된 물건의 아름다움을 발견해라" "여행을 해라" "모험을 겁내지 마라" 같은 것이지만, 그런 말이 너에게 어떻게 받아들여질지 실은 내가 자신이 없다.

우리 엄마 말을 내가 그렇게 여겼듯 너 또한 엄마 말이 얼토당토않게 들릴 수도 있겠지. 한 세대 만에 가치관이 이렇게 뒤바뀌는 시대는 개인이 행복하기 어렵다. 크든 작든 다들 내적 분열을 겪지 않을 수 없을 것이다. 그래서 결혼을 망설이는 너에게 내가 할 수 있는 말은 오직 사랑한다는 말뿐인지도 모르겠다.

오늘 아침 전철 안에서 노신은 이렇게 말하더라. 아니 노신이 아니라 일본인 아리시마구나! 내가 하고 싶은 말을 100년 전 전혀 다른 상황에 놓였던 그들이 똑같이 하고 있다는 게 우선 반가웠다.

나는 너희를 사랑한다. 이것은 어버이로서 보답을 받기 위해 하는 말이 아니다. 내게 사랑을 가르쳐준 너희에게 바라는 것은 오직 나의 감사를 받아달라는 것뿐! 내 인생이 아무리 실패작이더라도, 내가 아무리 유혹을 이기지 못하는 사람이라 하더라도 나의 발자취에서 불순한 어떤 것을 너희가 발견할 만한 짓은 하지 않겠다.

물론 아리시마는 이 글을 아내를 잃은 후, 엄마 없이 자랄 아이들을 위해 썼다. 글을 읽어 내려가는데 "이 세상에서 이토록 너희를 사랑하는 사람이 있었다는 걸 아는 것이 너희 인생에 꼭 필요할 것"이란 말이 내 눈을 꽉 잡고 놓지 않았다.

바로 이것이다. 자식을 낳아 길러보지 않으면 이런 말을 할 수 없다. 부모 자식이 특별하다는 건 바로 이것 때문이다. 상대방의 사랑을 결코 의심치 않는 것, 세상 어떤 관계도 이럴 수는 없다. 이

성간의 사랑에는 의심과 이기심이 반드시 찾아온다. 프시케 신화에서 한 손에는 등잔을, 한 손에는 칼을 들고 잠든 에로스를 구태여 확인하려 드는 바로 그것, 그게 인간 이기심과 불안의 원형이 아니더냐. 그러나 부모는 다르다. 아리시마와 노신도 이 부분에 주목했을 것이 틀림없다.

　결혼을 앞둔 너에게 하고 싶은 말은 네 남편이 누구냐 하는 것과 관련한 얘기는 아니다. 남편감이 어떤 인격과 능력을 가졌는가를 소홀히 할 수는 물론 없겠지. 그러나 세상에 완벽한 인간이란 없다. 누구라도 상처와 허물을 가지고 있다. 그게 없으면 되레 문제겠지. 다행히 사람은 고정되어 있지 않다. 끊임없이 변화하고 성장한다.

　우선 손쉽게 나이를 보렴. 지금 네가 만나는 이가 서른 즈음이라면 그는 곧 마흔이 되고 쉰이 된다. 서른과 마흔과 쉰의 그는 똑같은 사람이 아닐 수도 있다. 엄마가 이쯤 살고 나서 곁을 둘러보니 이십대와 똑같은 조건을 유지하고 있는 친구들은 아무도 없더라. 날씬한 친구는 뚱뚱해졌고, 재벌과 결혼한다고 소문났던 친구는 사업이 망한 지 오래됐고, 연탄 때는 단칸방에서 신혼을 시작했던 친구는 빌딩을 소유했더라. 그러니 외부적 조건만을 체크해서 사람의 미래를 판단하는 것은 어리석기 짝이 없다. 그건 물건을 살 때나 가당한 선택 방식이지. 아니 물건조차도 내 것이 되고 난 뒤 어떻게 매만지고 길들이냐에 따라 처음과 천양지차가 되는 걸 너도 일쑤 보지 않았니?

결혼하면 아이를 낳게 된다. 이건 가차 없는 현실이다. 요컨대 결혼이란 부모가 된다는 말이지 낭만적 사랑의 약속이 아니다. 결혼 전에 반드시 검토해 봐야 할 것이 바로 이 점이다. "너도 한번 자식 낳아 키워봐라!" 우리 세대가 엄마 세대로부터 숱하게 들어온 말이다. 이건 도무지 아이에게 전달되지 않는 모성애의 절망에 관한 언설이지만, 자식 낳아 키워봐야 경험할 수 있는 사랑의 깊이에 관한 말이기도 하다.

자식을 길러봐야 비로소 어른이 된다고 옛 어른들은 오래 전부터 말해왔다. 부모가 되어 이기심 없는 사랑과 거기 따르는 고난을 맛보아 봐야 성숙한다는 소리겠지. 사람으로 태어났으니 나 아닌 타인에게 무조건적인 사랑을 느껴본 후에 저 노신과 아리시마처럼 사랑을 알게 해줘 감사하다고 고백할 수 있는 어른이 되는 것, 그거 해볼 만한 일 아니겠니? 이기적으로 산다고 반드시 자기에게 이로운 건 아니란다. 돈을 좇는다고 반드시 부자가 되는 게 아닌 것처럼!

자신에게 내재한 힘을 느낄 줄 알아야 한다. 판단력과 추진력과 집중력이 필요하다. 집중하면 어떤 힘겨운 일도 밀고 나갈 수가 있다. 그런 힘들이 네 안에 들어 있다는 것을 믿으렴. 이건 막연한 소리 같지만 단전에 힘을 주고 척추를 곧게 펴고 심호흡을 하면서 몸 안으로 들고나는 우주를 느껴보면 자신이 무한한 존재임을 알게 될 거야. 여자에게 아이를 낳는 일은 자기 안의 신비를 확인하는 일이다. 잉태와 출산의 전 과정에서 우리는 자신이 커다란 우주의 일부임을 자각하게 되지. 해산은 통증이긴 하지만 절대로 고통은 아니란다. 옛 어머니들이 일곱, 여덟을 의사 도움 없이 혼자 낳은 것을 생각해 봐라.

결혼이란 내가 낳을 아이의 아빠를 선택하는 일

한 번 더 콕 집어 말하자. 여자에게 결혼이란 내 몸으로 낳을 아이의 아빠를 선택하는 일이다! 이게 내가 너에게 말해줄 수 있는 가장 가차 없는 결혼의 정의다. 나는 혼인할 때 부끄럽게도 저 생각을 전혀 하지 못했다. 워낙 망설여지는 결혼이라 가당찮은 대차대조표를 만들어놓고 이 연애가 결혼으로 이어질 때의 득실을 곰곰 따져보기도 했건만 정작 그 항목에 부모로서의 자질 같은 게 들어 있지는 않았다. 아이를 낳지 않겠다고 결심한 적도 없으면서 부모 노릇의 중요성을 몰랐다니! 결혼을 그저, 같이 커튼을 달고 침대를 짜고 영화를 함께 보는 정도의 공동 생활로만 여겼던 건 한심할 만큼 미숙한 일이었다.

할머니는 내 결혼에 반대하셨다. 겉으로 내세운 이유가 가문, 양반 같은 설득력 없는 것이었기에, 나는 "엄마처럼 봉제사와 접빈객에 귀한 인생을 허비하란 말이냐"며 단호하게 외면했었다. 그때나 지금이나 낭만적 사랑을 우상화하는 가요와 드라마가 범람하는 세상이라 거기 속아 넘어간 것도 사실이고! 낭만적 연애가 젊음의 특권이란 시각에도 일리는 있다. 그러나 연애 감정은 본질적으로 허구에 가깝다. 상대방에게 씌워놓은 환상이 벗겨지는 순간이 반드시 온다는 건 너도 이미 알리라.

설명할 수 없이 매혹적인 대상이 있다면 그건 네 안에 숨겨진 왜곡된 기준이 상대에게 가서 덮어씌운 것이지 상대가 특별해서가 아니라는 것을 미리 알아둘 필요가 있다. 그걸 아니마와 아니무스로 설명한 것이 융 심리학이니 그 이론에도 귀기울여 보렴. 우연히 만난 대상에게 내 안의 아니무스가 투사되면 그때부터 과도한 애착이 일어나게 된다는 것이지. 울고 짜는 온갖 우여곡절 드라마를 그런 관점에서 살펴보는 것도 유익할 거야. 어쩌면 인류는 오랜 세월 그게 허상인 줄 알면서도 질곡 속으로 빠져드는 낭만적 사랑을 우상화해 온 것인지도 몰라. 자본과 지배 권력이 은연중 거기 가치와 미가 있다고 부추겼을지도 모르지. 시야가 좁아져야 목표를 향해 전력 질주할 수 있으니까!

널더러 낭만적 사랑을 무조건 팽개치라는 말은 아니다. 그러나 대상에게 눈멀어 자신의 중심을 잃지는 말렴. 아니 누군가에게 집착하게 되거든 그게 상대가 준 것이 아니라 스스로 만들어낸 관념이고 의존성이라는 것을 떠올리렴. 사람은 자기애의 고리 안에서 허우적대면서도 그게 다른 사람의 탓인 줄 착각해 엉뚱하게 원

망과 분노를 키울 수도 있거든!

　연애는 기껏 3~4년의 문제이지만 부모 노릇은 평생 이어지는 과업이다. 아니 과업이라면 부과된 임무라는 말처럼 들릴 테니 그보다는 평생 새롭게 성숙해질 수 있는 기회라고 말하는 게 낫겠다. 나의 실패가 제발 너에게 반면교사가 될 수 있기를! 아이를 낳아 함께 길러야 하므로 결혼은 룸메이트 그 이상이다. 일단 부모 노릇의 중요성을 인식하게 되면 남자를 선택하는 기준도 달라질 것이다. 좋은 부모가 될 수 있는 자질이 무엇일지를 스스로 체크해 보렴. 외모일까, 재력일까, 성격일까, 가능성일까, 관대함일까, 섬세함일까, 인내심일까, 낙천성일까, 사랑을 표현하는 능력일까! 상대가 아니라 너 자신에게 먼저 그런 잣대를 적용해 보면 대상을 보는 눈이 훨씬 밝아질 것이다.

　아, 어쩌면 나는 지금 30년 전 엄마와 똑같은 말을 하고 있는지도 모르겠다. 엄마는 가문에서 찾았고 나는 성장의 가능성에서 찾는달 뿐 좋은 부모가 될 싹을 고르라는 점에서는 결국 같은 내용의 다른 버전 아니냐. 그걸 알고 잠깐 기가 막힌다. 인간이란 부모가 되어 30년간 시행착오를 겪으면서 결국 제 부모가 셨던 것과 똑같은 지점에 서게 된다는 말인가? 노신이 앞선 세대를 비웃지 말고 그걸 딛고 높이 멀리 뛰라고 했던 말도 바로 이걸 반복하지 말라는 의미였나?

상처와 무의식까지
함께 나누는 관계

우린 돈 많은 사람이 되기 위해 이 세상에 태어난 것도 아니고 젊음을 오래 유지하거나 명성이나 평판을 얻기 위해 사는 것도 아니다. 나는 삶의 정답이 스스로의 성장에 있다고 믿는다. 그리고 그건 가까운 사람을 통해서라고 생각한다.

그런 의미에서 너에게 몇 가지 팁을 줄 수 있을 것 같다. 먼저 남자와 여자의 차이에 관한 얘기다. 똑같이 부모가 되지만 남녀는 본질적으로 다르다. 남자는 종족 보존의 본능 자체에 충실하지만, 여자는 먹이고 길러내는 양육 쪽에 중요한 방점을 찍는다. 사춘기가 되면서 남녀의 몸의 구조가 달라지는 건 그걸 은유하는 신의 주도면밀한 디자인이 아닐까? 거기 담긴 메시지를 읽어내 보렴!

남자는 생식기가 튀어나오고 여자는 가슴이 튀어나오지? 튀어나온 쪽에 우월 성향이 있다. 생식기는 본능과 힘이고, 가슴은 감성과 사랑이다. 남자는 생리적으로 사랑에 익숙한 기질을 갖고 태어난 종족이 아니란다. 그 대신 목표물을 공격해서 잡아채는 데 익숙하지. 더 사랑하는 쪽은 가슴을 지닌 여자라야 한다. 그게 자연이란 걸 인정해라. 사랑받으려고 남자에게 기댈 게 아니라 가슴을 가진 네가 먼저 먹이 사냥에 지쳐 피곤해진 남자를 껴안을 각오를 하는 것이 현명하다.

또 하나는 처음에 말했듯이 누구에게나 그늘과 허물이 있다는 점이다. 네가 선택한 그도 제 안에 어쩔 수 없는 트라우마를 지녔을 것이다. 사람이란 원래 겉도 있고 속도 있는 존재 아니냐! 안과 밖이 일치하면 좋겠지만 그런 건 납작한 종잇장 혹은 천진한 짐승들에게서나 가능한 일이겠고, 인간 내부엔 본디 온갖 층위들이 복잡하게 똬리를 틀고 있다. 그걸 미리 겁낼 건 없겠지만 알아둘 필요는 있겠지.

심지어 어떤 사람은 부부가 침대에 누워 있으면 둘이 누운 것이 아니라 양쪽의 부모를 합해 여섯 명이 함께 누운 것이라고 말하더라. 비장하지! 그리고 부부는 자신도 평소에는 의식하지 못하는, 윗대서부터 전해 내려오는 깊은 무의식까지를 함께 나누는 관계란다. 그걸 성(性)이라고 부르는지도 모르지. 그리고 둘의 의식과 무의식이 결합해 아이가 된다. 그러면서 인류의 피는 연면하게 이어져왔겠지.

우리는 의식적으로는 잘 모르는 것 같아도 무의식적으로는 상대의 마음을 환하게 파악할 수 있다. 내가 맨 처음 정직을 말한 건 바로 그런 이유에서이다. 건성으로 대하는 사람과는 결코 깊은 정을 나눌 수가 없다. 진심으로 네 남편과 네 주변 사람을 사랑하고 정성을 다해라. 아무것도 속이려 하지 마라. 인생의 핵심은 바로 이것이란다.

어떤 관계보다도 가장 무겁고 귀한 것이 네 아이의 아버지가 될 사람과의 관계란 것을 알겠지? 그건 능력과 매너와 외모에 혹하는 연애보다 훨씬 깊고 진지한 것이란다. 서로의 상처와 무의식을 나누면서 그와 함께 '동반 성장' 해 가렴! 이것이 결혼을 망설이는 너에게 보내는 나의 최선의 축복이다.

지금 사랑하고
오래 연애하는 법

- 편해문

편해문은 어린이 놀이 운동가이다. 창작과비평사의 '좋은 어린이책 대상'을 받았고, 쓴 책으로 《아이들은 놀기 위해 세상에 온다》가 있다. 사진집 《소꿉》을 펴냈고, 아시아 아이들의 얼굴과 삶과 놀이를 사진으로 담는 일을 하고 있다. 안동 시골에서 옛집을 고쳐 아내와 딸과 함께 작은 밭을 가꾸며, 글 쓰고 사진 찍고 노래하고 여행하며 산다.

신데렐라에게
무슨 일이 있었던 것일까?

지금 우리 가족은 여행중이다. 가족이라고 해봐야 네 살 난 딸, 그리고 각시와 나 이렇게 세 식구가 전부이다. 중동으로 떠난 여행이 시리아, 이란, 파키스탄을 거쳐 카슈가르, 티베트 랑무스에 오니 어느새 석 달이 가까워져 온다. 이 글도 게스트 하우스에서 쓰고 있다.

결혼 이야기를 하려고 나섰는데 여행 이야기로 빠지는 것을 보면 결혼이라는 것이 우리 세 식구가 해마다 해온 긴 여행과 닮은 구석이 있는 것 같다. 여행처럼 결혼 역시 참 일도 많고, 말도 많고, 다툼도 많고, 그 가운데 즐거움도 많다는 말이다. 결혼은 마치 긴 여행처럼 처음에 계획하고 준비한 대로 가지 않는, 낯선 곳으로 두 사람을 이끄는 뭔가를 품고 있는 것 같다.

신데렐라는 어려서 부모님을 잃고서
계모와 언니들에게 구박을 받았더래요.
샤바샤바 아이샤바 얼마나 울었을까요.
샤바샤바 아이샤바 2010년도……

　뜬금없는 신데렐라 노래이다. 각시가 딸에게 알려준 노래인지, 여행중에 기차나 버스를 하루나 반나절씩 길게 탈 때면 딸이 가끔 중얼거린다. 그렇다. 신데렐라는 구박받고, 그래서 남몰래 부엌 한구석에서 땟국 묻은 행주로 눈물도 훔쳤다. 그렇지만 신데렐라는 우리가 다 아는 것처럼 멋진 왕자를 만나 마침내 결혼한다. 도대체 부엌데기 신데렐라에게 그 사이 무슨 일이 있었던 것일까?
　신데렐라 이야기의 주인공은 여성이다. 신데렐라의 남루하고 발뒤꿈치의 때 묻은 굳은살 때문인지 그녀에게 청혼을 하는 사내도 없다. 이런 자기 처지를 같은 눈높이에서 이해하고 사랑하고 청혼해 줄 사내 또한 눈에 띄지 않는다. 예나 지금이나 변하지 않는 세태이다. 사내들은 자주 위를 쳐다본다. 세상 사는 사내들이 하는 일을 눈여겨보면 안쓰럽다. 주어진 고생에 스스로 사서 하는 고생을 보태 내내 고생만 하다가 가는 경우가 잦다. 그런데 막상 그렇게 애써 한 일이 무엇이었나 돌이켜보면 허망한 일들이 많다. 가장 가까이, 그것도 가장 오래 산 한 사람한테도 온전히 이해받지 못한 채 말이다. 진짜 요즘 남자들 사는 것 보면 이래저래 눈물 난다.

사내들이 좀 그렇다. 〈헨젤과 그레텔〉을 봐라. 헨젤이 위험과 마녀에 맞서 싸우는 동안 오빠 그레텔은 도대체 무엇을 하는지? 게다가 그 집 아빠는 무엇을 하는 사람인지 도무지 알 수가 없다. 우리나라 해와 달이 된 오누이 이야기에는 처음부터 아버지가 보이지 않는데, 왜 아버지가 없는지 한마디 이야기조차 없다. 그냥 처음부터 아버지 없이 셋이서 살았단다. 여기서 더 나아가면 남성 비하 발언으로 몰려 남성 동지들의 뭇매를 맞을지 모르니 이 정도로 해야겠다. 아무튼 옛이야기 속 남성들이 그렇다는 것이다. 그러나 옛이야기가 여러 사람이 오랫동안 검증한 생생한 삶의 진실을 품고 있다는 점만은 곱씹자.

다시 신데렐라 이야기이다. 신데렐라는 튼튼했다. 신데렐라의 아름다움이란 온갖 궂은일로 단련된 단단한 몸이다. 그렇지만 먼지를 뒤집어쓰고 옷은 오물로 얼룩져 누구도 그 아름다움을 본 적이 없다. 하루하루 자기 할 일을 하고 비록 나이는 어렸지만, 새엄마와 언니들의 온갖 뒷바라지를 한, 따지고 보면 이 이야기 속에서 가장 성숙하고 힘찬 여성이 신데렐라이다. 지금부터 이 여성이 어떻게 배우자를 만나고 선택하는지 보자. 사람들은 흔히 신데렐라를 어느 날 갑자기 돈 많은 남자 만나서 '팔자'가 '구자'로 펴진 여성으로 생각한다. 내가 지금부터 하려는 이야기는 그런 이야기가 아니다.

신데렐라가 밤 12시가 되면 다시 남루한 일상의 모습으로 바꾀는 아름다운 옷과 구두를 신고 왕자가 베푼 무도회에 갔다가 왕자를 만난다는 것은 다 아는 이야기이다. 어떻게 옷과 구두를 선물받았는지도 우리는 안다. 그것은 철저히 신데렐라의 쉼 없는 노동의 결과였다. 그런데 왜 신데렐라는 가장 중요한 순간 왕자로부터 도망을 친 것일까? 왕자가 한눈에 반했으면 그냥 죽 갈 것이지 말이다. 정말 마법이 풀리는 것이 두렵고 창피해서였을까?

이 대목에서 나는 금붙이 치장을 한 왕자와 마법으로 덧입혀진 신데렐라가 서로의 모습에 반해 사랑에 빠지고 결혼에 이르는 일이 얼마나 무망하고 위험천만한 일인가 말하고 싶다. 신데렐라가 12시가 다가올 때 서둘러 집으로 뛰어간 것은 마법이 풀릴까 두려워서가 아니라, '너 왕자! 내 가짜 화려함을 보고 혹하는 얼빠진 놈이구나'라는 생각이 들었기 때문은 아닐까? 화려한 겉모습을 보고 판단하는 남성에 의해 자신의 인생이 왔다 갔다 하는 간교한 현실에 붙잡히지 않으려는 몸짓으로 읽어야 마땅하지 않을까?

진정 왕자라는 사내가 옳은 정신이 박힌 자라면 신데렐라가 부엌데기이든 무엇이든 신데렐라의 현재를 사랑할 수 있어야 하지 않을까? 잠깐 옆으로 빠져보자. 두 남녀가 사랑에 빠지면 인사하고 손잡고 그 다음은 뽀뽀하고, 그러다 끌어안는다. 안으면 무엇이 보일까? 맞다. 그 사람 뒷모습이 보인다. 누구나 다 그늘이 있고 그림자가 있는 법이다. 마침내 상대방의 그늘을 안아줄 수 있을 때 사랑은 시작되는 것이리라. 사랑하고 결혼하고 애 낳고 살아보니 사랑은 그 상대방의 그늘을 얼마만큼 안아줄 수 있느냐에 달린 것 같다. 그렇다. 내 그늘은 안기고 상대방의 그늘 또한 덥석 안아주는 것, 이것이 결혼의 순리이다. 그래야 우리는 감히 행복에 입문할 수 있을 것이다.

신데렐라는 평소 일로 다져진 다리로, 그것도 맨발로 밤길을 달음박질쳐 단박에 집으로 돌아온다. 이제 차례는 왕자에게로 넘어간다. 그런데 아직 세상 물정 모르는 왕자는 신데렐라가 뛰다가 벗겨져 흘려놓은 구두 한 켤레를 들고 온 동네를 돌아다니며 구두에 맞는 발을 찾는다. 남자들이 이런 식이다. 아니 사람을 찾아야지 왜 발을 찾아! 신데렐라는 생각했다. 화려하게 변신한 자기가 아니라 현재 부엌데기로 사는 자기를 사랑한다면 물어물어 찾아올 것이라고 말이다. 그렇지만 부엌데기로 사는 자신의 모습을 보고도 왕자가 변함없이 사랑을 고백할 수 있을지는 아직 확신하지 못한다. 그냥 일하며 기다릴 뿐이다. 그렇다. 여기서 '일하면서'가 진정 중요하다.

다시 묵묵히 새엄마와 언니들의 온갖 뒷바라지를 하며 하루하루를 살 뿐이다. 그리고 왕자가 물어물어 찾아온다. 이 어리바리하고 눈썰미 없는 왕자, 아무리 옷을 바꿔 입었다지만 신데렐라를 알아보지 못한다. 구두가 부엌데기 신데렐라 발에 딱 맞았을 때 순간 무척 당황했으리라! 그래서 이 대목이 이 이야기의 절정이다. 어떻게 할 것인가? 신데렐라는 자기 모습을 있는 그대로 보여주며

"봐라. 나 이렇게 산다. 이래도 나 사랑할 수 있겠니?"라는 눈빛으로 당당히 눈을 치켜뜬다. 거꾸로 왕자는 무도회에서 봤던 모습이라고는 눈을 씻고 봐도 찾기 어려운, 평소 보지도 듣지도 못한 꼬라지를 하고 있는 신데렐라의 모습에 어리둥절해한다. 신데렐라는 남루하지만 당당하고, 왕자는 화려하지만 우물쭈물하는, 신데렐라 이야기의 명장면이다.

　이야기가 뒤에 어떻게 흘러가는지 우리는 다 안다. 사랑과 결혼이라는 것을 몇 년 먼저 해본 내가 옛이야기 공부를 하며 가장 눈여겨본 장면이라, 사랑을 이제 막 시작했거나 결혼을 앞둔 후배에게 이 이야기를 꼭 들려주고 싶다. 끌어안고 그 사람 뒷모습을 훤히 보자. 그리고 자기도 훤히 보여주자. 그 뒷모습을 사랑할 수 있을 때 결혼도 행복도 첫 단추를 낄 수 있지 않을까? 우리 안사람은 내 모든 것을 안다. 하하하. 왜냐하면 내가 결혼하기 전에 속 시원히, 그것도 지겹도록 다 이야기해 줬기 때문이다. 아내는 내 과거를 외운다.

선녀와 나무꾼은 왜 헤어져야 했을까?

　다른 나라 옛이야기만 들려줄 수 있나? 우리나라 옛이야기도 한 편 들려줘야지. 기대하시라. 누구나 한 번쯤 들었을 〈선녀와 나무꾼〉 이야기이다. 선녀는 하늘나라에 살았지만, 나무꾼은 집과

산을 오가며 나무를 해다가 팔아 홀어머니를 모시고, 참 없이 살았다. 그러니 장가는 꿈도 못 꿨다. 선녀와 나무꾼, 둘은 쉽게 만나기 어려운 인연이었다. 생각해 보면 세상의 모든 인연이 그렇다. 어디 하나 쉽게 만난 인연들이 없다. 특히 결혼한 사람들의 인연은 모질다. 그래서 이 세상 모든 결혼 짝들은 선녀와 나무꾼이다. 이렇듯 어렵게 만난 두 사람이 무엇 때문에 영영 헤어지는지가 오늘 내가 두 번째로 하고 싶은 이야기이다. 이 선녀와 나무꾼이라는 오래된 옛이야기가 두고두고 사람들에 의해 전해 내려오게 된 남다른 까닭이 있기 때문이다.

이 이야기를 들려주고 왜 선녀와 나무꾼이 헤어지게 되었냐고 물으면 보통은 팥죽 이야기를 한다. 나무꾼 어머니가 끓여준 팥죽이 너무 뜨거워 하늘나라에서 타고 온 말이 펄쩍 뛰는 바람에 나무꾼이 말에서 떨어져 영영 헤어지게 되었다는 말이다. 그러니까 시어머니와 나무꾼의 작은 잘못으로 그렇게 되었다 뭐 그런 얘긴데, 그러나 이 이야기는 그렇게 단순하지 않다. 왜냐하면 선녀는 나무꾼과 살면서 아이를 셋이나 낳았다. 남성들이여! 현실 속에서 아이 셋을 낳은 여자는 무서울 게 없다는 것을 알자.

"아이를 셋이나 낳았는데 아직도 선녀야, 사람이지?"

"아이를 셋이나 낳았으니 이제 지가 어디를 가겠어?"

"아이를 셋이나 낳고 살았으니 뭐 서로 감추고 숨길 이야기가 있겠어?"

참 남자들이 이렇게 어리석다. 한 세월 아무리 한 이불 덮고 자도 서로 해서는 안 될 이야기가 있고 끝까지 지켜줘야 할 무언가가 있다. 그런데 남자들이 이런 걸 잘 못한다. 이 이야기는 그 끝이 무엇인지 자못 무섭게 읊조리고 있는 셈이다. 선녀와 나무꾼이 어떻게 사랑을 시작했는지 생각해 보자. 그것은 분명히 한쪽의 강압으로 이루어진, 공정하지 않은 출발이었다. 이 대목을 눈여겨보아야 한다. 쉽게 말해 나무꾼은 선녀들을 염탐하던 한 짐승의 귀띔에 온통 마음이 빼앗겨 선녀의 옷을 훔치고 그것을 빌미로 한 여자의 인생을 송두리째 가둬버리려는 파렴치한 짓을 서슴지 않았다. 착한 나무꾼, 성실한 나무꾼의 이미지는 여기서 무너진다.

〈선녀와 나무꾼〉은 사랑의 시작과 결혼, 그리고 사랑의 파국에 관한 매우 꼼꼼한 텍스트이다. 공정하지 못한 결합은, 결국 그 속임수가 속인 자의 입으로 드러나고, 아이 셋을 낳고 살았어도 끝내 파국으로 간다는, 우리 옛이야기 가운데 매우 색깔이 또렷한 이야기이다. 다시 말해 속임으로 시작한 결혼은 파국으로 간다는 다소 엄중한 메시지가 읽힌다는 말이다.

나무꾼은 아이를 셋이나 낳고 온갖 살림살이를 다 하며 사는 아내를 진정 사랑했던 것일까? 사랑했다면 아이를 하나 낳았을 때, 아니면 둘을 낳았을 때 서둘러 자신의 잘못을 고백했어야 했다. 선녀는 아이들을 키우고 시어머니를 모시는 모진 일을 하면서 부모와 형제들이 얼마나 보고 싶었을까? 그렇게 세월이 흘러 아이 셋을 낳고 키우다 보니 속이 새까맣게 탔으리라. 이미 새까맣게 탄 가슴에 무슨 온기가 남아 있겠는가.

세상의 남자들이여. 여자들 속이 새까맣게 타기 전에 얼른 고백하시라. 아이를 셋 낳고 살면 뭐하나? 나무꾼이 옷을 훔쳤다고 아무 잘못 없다는 듯이 웃으며 이야기하자, 선녀는 순간 막내를 둘러업고 둘째는 안고 첫째는 걸린 채 뒤도 돌아보지 않고 하늘로 올라가지 않던가. 여자들이 이렇게 무섭다는 것을 세상 남자들은 알지어다. 모든 것을 알고도 모르는 척 사는, 아이 셋을 낳아 키우며 사는 여자의 마음 말이다.

속임수나 혹 강제로 사랑이 시작되었다면 그 사실이 드러나는 순간 모든 것이 바삭 깨진다고 선녀는 우리에게 말해준다. 사랑의 시작은 거짓이 없어야 한다는 말이다. 사랑을 시작할 때 거짓은 다른 어떤 것보다 치명적이라고 경고한다. 애초의 거짓이 불거지는 순간, 함께 애를 셋 낳고 기른 수고마저 다 물거품이 된다는 말이다. 우리 옛이야기 속에 사랑과 결혼의 진실이 이렇듯 살 떨리게 드러난 이야기를 나는 아직 찾지 못했다. 그렇다면 우리는 왜 사랑의 출발선에서 그렇게 거짓을 말하게 되는 걸까?

지금 사랑하고
오래 연애하는 법

이쯤 되면 "야! 이거 무서워서 사랑이고 결혼이고 못하겠다"

라는 말이 나올지 모르겠다. 지금 사랑하고 있고 결혼을 앞둔 후배들에게 하고 싶은 말은 왜 우리가 치장과 거짓으로 사랑의 첫 단추를 끼우는지 고민해 보자는 말이다. 무엇 때문에 치장과 거짓으로 나를 꾸미거나 상대방을 가두고, 치장과 거짓으로 상대방을 이끄는지 생각해 보자는 말이다. 고백하건대 나 또한, 치장과 거짓과 가둠으로 사랑의 첫 단추를 끼워 파국의 낭떠러지에 떨어져 여러 날 여러 달 여러 해 고통스러운 시간을 보냈었다. 그래서 이 글은 나의 공개 반성문이기도 하다.

자기 꼬라지를 다 보여주고 "너, 나 이 꼴로 사는데도 좋아할 수 있어?" 하는 신데렐라의 당당함, 아무리 사람이 거지꼴을 하고 있어도 그 속에 들어 있는 건강한 아름다움에 빠질 수 있는 왕자의 밝은 눈이 있어야 한다. 덧붙여 아무리 어려워도 간교한 자의 꼬임에 빠지지 않고 선녀들 앞에 당당히 나서 "나 튼튼하고 괜찮은 놈입니다" 외칠 수 있는 용기를, 혹 꼬임에 빠져 잘못을 저질렀어도 상대방 속이 타기 전에 서둘러 사과하고 나쁜 쪽은 뒤도 돌아보지 않는 단호함이 우리를 구원할 수 있다. 지금까지 한 이야기에서 남성과 여성의 역할 구분은 의미가 없다. 신데렐라가 남자여도 나무꾼이 여자여도 마찬가지라는 말이다. 내 이야기는 여기까지이다.

아! 끝으로 하나 덧붙이자면, 어려서 들었던 옛이야기 가운데 결혼까지는 겨우 하면서도 그 다음에 둘이 어떻게 살았다는 이야기는 참 찾기 어렵다. 왜 그럴까? 결혼해서 살아보니 연애하고 사랑하고 마침내 결혼하는 이야기와 결혼 이후의 삶은 완전히 다른 차원에 놓여 있어서인 것 같다는 짐작을 지금은 해볼 뿐이다. 그것은 아이를 낳고 키우는 일이 있어서인 것 같다. 그렇지만 청춘들이여! 육아와 결혼 이후의 삶을 두려워 말고 지금 사랑하고 오래 연애하라. 조금도 자신과 상대방을 덧칠하거나 가두지 말고 있는 그대로 내보이며 말이다.

　이 글은 아내의 사전 검열을 마친 글임을 밝히며 글을 마친다. 하하하. 또한 이 글은 네 살 먹은 딸에게 쓰는 아비의 첫 편지이기도 하다.

불완전한 자아가
완전을 꿈꾸는 유일한 방법

• 이안수

이안수는 대학을 마치고 월간 《여행》지의 기자로 사회 생활을 시작했다. 이후 월간 《비디오라이프》《뮤직라이프》《디자인저널》 등 20여 년 동안 주로 잡지를 위해 일했다. 새물결사의 편집국장으로 7년쯤 일하던 중, 미국 대학의 유학생으로 변신했다. 귀국 후 예술 마을 헤이리에 예술가들의 아지트인 아티스트 레지던스 '모티프원'(www.travelog.co.kr)을 세우고 세계와 소통하고 있다. 사람들은 모티프원을 '글로벌 인생 학교'라 부른다. 그곳에서 밤마다 즐기는 담론 때문이다. 그는 이곳에서 다양한 사람들을 만나며 작가로서 사진을 찍고 글을 쓴다. 헤이리 작가회 회장과 헤이리 마을의 부촌장을 맡고 있다.

아내가 아니면
내게 이 세상은……

지금 내가 가진 것이 있다면 당신으로 말미암은 것입니다.
제 가슴의 모든 온기와 세상을 사랑할 수 있는 용기와
존재하는 모든 사람을 긍정할 수 있는 의기는
모두 당신으로부터 비롯된 것입니다.

만약 당신이 아니라면
나와 내게 소속된 모든 것들이
한낱 티끌입니다.
제가 세상의 비겁으로부터 당당할 수 있는 것도
당신이라는 큰 기둥을 믿기 때문입니다.

나를 나이게 하고
내 삶의 의미인 당신!

세상에 존재하는 모든 것을 얹을 수 있는 천칭이 있어
가로장 한 끝에 그 모든 것을 올리고
그 한쪽 끝에 당신이 얹힌다면
당신은 당신에게로 기울어지는 제 삶의 보람입니다.

이 세상은 온통 당신으로 가득합니다.
가지를 흔드는 바람에도 당신이 있고
들이키는 한 모금의 숨에도 당신이 있습니다.

항상 제게 충만함으로 존재하는 당신,
당신은 여전히 내 인생의 꿈입니다.

아내의 생일이면 이런 연가戀歌를 한 편씩 바친다. 유학을 중단하고 돌아온 때부터다. 마흔여섯의 나이에 직장을 접고 유학을 결심했을 때 아내는 기꺼이 내 등을 떠밀어주었다. 발목에 눈이 푹 푹 빠지는 교정을 걸어 강의실로 가면 낮 시간 동안은 별일 없었다. 문제는 밤이었다. 책을 덮고 기숙사의 좁은 침대에 몸을 누이면 쉽사리 잠들 수가 없었다. 그리움 때문이었다. 그 그리움의 대상은 내게 피를 나누어준 부모도, 내가 피를 나누어준 자식도 아니었다. 이미 17년을 함께 살아온 것으로 충분하다고 여겼던 나의 아내였다.

미국에서 내가 잠자리에 드는 시간은 한국에서 아내가 나 대신 가계를 지탱하기 위해 직장으로 출근해야 하는 아침이었다. 잠은 점점 멀리 달아나고 머릿속은 '내가 차라리 머리맡 창가에서 윙윙거리며 창문을 흔드는 바람이었으면 좋겠다'는 생각을 했다. 태풍으로라도 당장 태평양을 건너 아내에게로 달려가고 싶었던 것이다. 연애 시절의 뜨겁던 감정보다도 더 견디기 힘든 것이 지천명의 나이를 앞둔 때의 아내에 대한 그리움이었다. 그해 엄동의 미시간 주에서의 이런 경험은 '아내가 아니면 내게 이 세상은 아무것도 아니다'라는 것을 확신하게 했다.

결혼, 왜 하셨나요?

이즘 청춘을 살고 있는 젊은이들로부터 간간이 질문을 받는다. "결혼, 꼭 해야 하나요?"

나는 그 질문을 스스로 던져본 적도, 따라서 굳이 답을 해본 적도 없었다. 나는 결혼을 의심한 적이 없었기 때문이다. 그 후 나도 다른 이들이 왜 결혼했는지가 궁금해졌다. 행복해 보이는 부부의 부인에게 질문을 던졌다. "결혼, 왜 하셨나요?"

망설임 없이 답이 돌아왔다. "원래 꿈이 현모양처였거든요."

사실 학창 시절 장래의 꿈을 묻는 학교 설문지에 '현모양처'로 답하는 여자아이들이 적지 않았다. 그러므로 우리 세대의 결혼은 '당위'였다. 대다수에게…… 그러나 세태는 결혼의 유용성을 한 번도 의심하지 않았던 그 '결혼하는 것'에 대해서도 회의하게 했다. '결혼의 절대성'을 의심하지 않았던 나도 '회의'하는 질문을 받고 다시 생각해 보게 된 것이다.

지천명의 때를 살고 있는 어느 화가는 그림에만 맹진하는 여전사의 모습으로 사는 독신이다. 오로지 그림에만 시간을 다 쓸 수 있는 그 화가에게 많은 기혼 여성들은 부러운 시선을 던지곤 했다. 그런데 그녀가 대화중에 옆 사람을 껴안고 눈물을 쏟으며 말했다.

"독신에게 외로움은 도피처가 없는 천형 같은 것입니다. 누군가가 화실에 찾아오고 한담을 즐기다 그들이 돌아가고 다시 붓을 잡는 순간, '뼈가 시린' 외로움이 엄습해요."

그때 우리는 외로움에 관한 얘기를 나누고 있었다.

이웃 어른과 나들이중에 스트레스에 대한 얘기를 나누었다.

"남자나 여자나 혼자 사는 사람이 대개 수명이 더 짧습니다."

"결혼한 남자는 밥벌이로 등을 펴기 어렵고, 여자는 가사와 육아로 앉아볼 여가도 없을 텐데 왜 그럴까요?"

"외로워서 그래요. 사람은 싸우더라도 사람과 섞여 지내야 해요. 사람과 싸우고 사람에게 다시 위로받거든요."

"그럼 결혼한 부부의 함께 사는 스트레스보다 독신의 혼자 사는 외로움이 우리 몸에 더 큰 독이겠군요."

"그럼요. 그래서 결혼을 해야 해요."

마흔네 살의 한 통역사는 세계를 떠돌며 즐겁게 자기 일을 즐기는 미혼이다. 그녀에게 물었다. "왜 독신으로 사나요?"

"전 하루 빨리 결혼하고 싶어요. 신이 제 짝만 준비해 놓지 않았으리라 믿지 않아요. 좀 늦게 모습을 나타내는 거겠지요."

나는 그녀의 말이 정답이라고 결론을 내렸다.

나는 결혼 자체를 의심해 본 바는 없지만, 결혼 후에 대해서는 기대한 바가 있었다. 결혼 전, 혈기가 지배하던 시절 나는 종잡을 수 없이 흔들렸다. 내가 내리는 어떤 결론과 실행한 어떤 결과도 도대체 확신을 가질 수가 없었다. 내가 보는 나는 때로는 완전히 타인이었다. '나'라는 이름의 타인. 나는 결혼이 타인의 나를 설득하고 확신하게 해줄 수 있을 거라 믿었다.

부부는 왜 닮았나?

군 제대 후 대학의 마지막 학기를 남겨둔 때 나는 6년간 연인으로 지내온 사람과 결혼하기로 결론을 내렸다. 우리는 서로의 사랑을 의심한 적이 거의 없었으므로 우리의 결론에 결혼의 개별적인 요소, 즉 '성격, 지성, 외모, 재산……' 등 낱낱의 요소를 따져 보지는 않았다. 돌이켜보면 사랑은 이런 개별적 요소가 아니라 그 모든 것이 녹아 각각의 요소와는 전혀 다른 화학적 성질을 가진

'총체적 완성도'에 대한 끌림이었다. 그러므로 하나하나의 요소가 변화되어도 사랑의 강건함에는 변함이 없어야 한다.

결혼 후 우리 부부는 서로 닮았다는 소리를 듣곤 했다. 부부가 오래 함께 살면 서로 닮는다는 소리를 듣기도 했고, 생각과 목표를 공유하고 같은 식탁을 오랫동안 지속한 부부라면 닮아가지 않는 것이 오히려 이상한 일이라고 여겼다. 그러나 최근 6년간 모티프원에서 수천 쌍의, 결혼으로 발전될 여지를 가진 남과 여, 그리고 신혼 부부들을 만나면서 새로운 것을 발견했다. 그것은 부부가 오래 함께 살아서 닮아가는 것이 아니라 처음부터 닮아 있다는 것이다. 대개 바람직하고 건강한 쌍일수록 닮은 곳이 더 많았다. 나는 이 일로 결혼은 예비된 '인연'이라는 것을 확신하게 되었다.

그러나 인생이라는 것이 이미 정해진 루트를 따라가는 것이라면 '각자의 삶에 최선의 노력을 다해야 할 이유가 뭘까?'라는 의문이 들었다. 그 의문에 대한 답을 종교인에게 들을 수 있었다.

"인연이 이미 정해진 것이라면 각자는 그저 그것의 실현을 기다리기만 하면 되는 건가요?"

"아닙니다. 인연은 '인因'과 '연緣'이라는 두 가지 요소의 상호작용입니다. '인'이라는 것이 그렇게 준비된 운명적인 것이라면, '연'은 최선으로 가꾸어야 본래의 결과를 가져오는 요소입니다. '인'이 꽃씨라면, '연'은 그 씨앗이 싹을 틔우고 꽃을 피울 수 있게 하는 비옥한 토양과 적당한 수분, 온도와 햇볕 같은 거지요."

닮은꼴의 만남은 마침내 한 알의 꽃씨가 준비된 것이며, 그 씨앗이 결실을 얻기 위해서는 두 사람이 최선의 노력으로 비옥하게 토양을 일구어야 하는 것이다.

결혼은 2인 3각 경주

우리는 대학 은사님의 주례로 결혼을 했다. 은사님은 주례사에서 "결혼은 2인 3각二人三脚의 경주"라고 했다. 나는 그 충고를 지금도 받들고 있다. 이 경기는 두 사람이 각각의 다리 하나씩을 묶어서 결국 세 개의 다리로 뛰어야 한다. 두 사람의 일치된 호흡이 제일 중요한 경주이다. 부부로 산다는 것은 어느 일방이 앞서가도 될 일이 아니다. 상대를 고려하지 않은 결정은 결국 넘어지게 되고, 다시 호흡을 맞추지 않는 한 앞으로 나아갈 수 없다. 그러므로 결혼은 네 개의 다리로 달리는 것이 아니라 세 개의 다리로 달려야 하는 것이다. 우리 부부는 이 2인 3각 경기를 '승리'에 목표를 두지 않고 '완주'에 뜻을 두었다. 그래서 뛰기보다 걷기로 결심했다. 우리는 결혼을 하면서 두 가지를 언약했다.

첫째는, 부모를 극진히 모시자는 것이다. 내 부모는 평생 동트기 전에 들로 나가 어둠이 내린 때에야 귀가하는 부지런한 농사꾼이었다. 그 노동의 과실은 모두 자식들에게 고생을 대물림하지 않는 것에 사용했고, 그 결과 본인들의 노후를 위한 준비는 전혀 할 수 없었다. 그 대책 없는 부모를 위해 할 수 있는 것은 효친孝親 외에는 없어 보였다.

둘째는, 내 집을 소유하기 위해 보비리가 되지 말자는 것이다. 서울에서 아파트 한 채의 소유자가 된다는 것은 우리에게 너무 요원해 보였다. 그것의 소유권을 위해 사람답게 하는 거개의 것을 유보하지는 말자는 것이었다. 그 결과는 스무 번이 넘는 이사로 점철되었다. 300만 원의 신혼 전셋집을 찾기 위해 서울의 위성 도시로 나갔다가, 이태 뒤 다시 서울의 변두리로 진입했다. 서울에서도 흑석동의 산동네 계단 많은 집, 북아현동의 고갯마루 집, 청파동 언덕마루 3층 집 등 대부분 하늘과 맞닿은 동네의 가장 높은 집들이었다. 그러므로 우리 가족은 늘 전망 좋은 집에서 살 수밖에 없었지만, 하나를 선택하면 하나를 버려야 한다는 것을 이미 알고 있었으므로 큰 아파트의 평수를 소유한 친구를 보며 서러워만 하지는 않았다. 그 대신 집에 머무는 것만큼이나 잦았던 여행에서 각기 다른 집들을 별장인 양 향유했다.

불완전한 자아가
완전을 꿈꿀 수 있는 유일한 방법

한 커플과 와인을 마셨다. 그 커플은 세 병의 와인을 마시는 동안 그 와인이 가진 특성을 알아맞히려고 애썼다. 꽃 향기인지 과일 향기인지에 대해 갑론을박했고, 또한 어떤 과일 향기인지 서로 의견이 엇갈렸다. 그들은 알코올과 산도, 농도와 탄닌의 요소를 알아내는 데 혼란스러워했다. 생산자가 표기한 그 기준에 맞추어야만 와인을 제대로 즐기는 것은 아니다. 와인 숍을 떠난 와인을 어떻게 즐기느냐는 소비자의 몫이다. 곱창구이에 곁들인 와인도 충분히 향기로울 수 있다.

부부로 사는 것, 그것은 생산자가 의도한 와인의 향만을 음미하며 살 필요가 없는 것과 같은 일이다. 결혼은 남과 동일한 가치를 추구하며 살아야 하는 보편적인 삶이 아니라, 두 사람의 색깔로 자신들만의 유일한 맛을 빚어내는 삶일 필요가 있다. 나는 닭똥집 볶음에 와인을 마시는 형태의 삶을 즐기고 있다.

결혼을 목전에 둔 약혼자와 이미 금혼식을 치른 어른 부부의 만남에 함께한 적이 있다. 50년 동안 남편이었던 어른이 일주일 뒤 남편이 될 남자에게 말했다.

"내 두 가지만 충고하겠네. 무조건 부인의 말을 듣게나. 그러면 집 안에서 평화가 깨질 수가 없어. 혹 다툴 일이 있더라도 한 가지 주제를 벗어나지 않도록 하게. 홧김에 과거의 사건을 들고 나오면 싸움이 끝날 수가 없어."

두 약혼자가 고개를 끄덕이자 그의 부인이 말을 이었다.

"나는 딸을 시집보내면서 사위에게 한 가지를 부탁했어. '내 딸은 심약해서 큰소리만 나면 정신을 잃어. 그러니 부디 작은 소리로만 얘기하도록 하게'라고…… 결혼 17년이 된 지금까지 사위가 큰소리치는 법 없이 잘 살고 있다네."

우리 부부가 결혼 초에 서로 다짐한 바는 부부 싸움을 하더라도 절대 이를 양가의 문제로 비화시키지 않는다는 것이었다. 결혼 26년 동안 우리 부부는 이 맹세를 한 번도 저버린 적이 없다.

부모가 된 부부가 다스리기 어려운 것은 부자로 살고 싶다는 물욕보다 자식에 대한 욕심이다. 재물욕을 이긴 부부도 자식을 일류로 만들겠다는 욕심은 다스리지 못한다. 우리 부부는 우리의 한계를 일찍 인지했다. 그래서 자식 교육의 원칙을 '탁란托卵'(어떤 새가 다른 종류의 새의 집에 알을 낳아 대신 품어 기르도록 하는 일)과 '방목'으로 세웠다.

포란抱卵(부화하기 위하여 암새가 알을 품어 따뜻하게 하는 일)과 육추育雛(알에서 부화한 새끼를 기르는 일)의 능력이 없는 두견이는 휘파람새의 둥우리를 빌린다. 우리도 이런 방식이었다. 시골 정서를 가슴에 담을 수 있도록, 서울에서 태어난 세 아이를 모두 초등학교 저학년 때 시골 분교로 보내 한 학기 이상을 수학하도록 했다. 고등학교 때에는 미국으로 1년 동안 교환 학생으로 보냈다. 딸과 아들은 자신이 태어난 둥지와는 전혀 다른 가정에 가족의 일원으로 적응하면서 문화의 다양성과 행복의 다른 기준을 알게 된다. 우리 부부의 노력 없이도 차이와 차별에 대해 확실히 인식하고, 양보와 관용을 아는 세계 시민으로 성장한다. 사람의 탁란이 두견이와 다른 것은 둥지를 독점하지 않는다는 것이다. 두견이는 둥지 속 휘파람새의 알을 밀어내지만 사람은 서로가 상생하는 법을 배운다.

방목은 과외 대신에 자신이 좋아하는 것을 선택할 수 있도록 방치하는 방법이다. 울타리 안에서 제공되는 건초로 연명하는 방법은 안전하고 굶을 염려가 없지만 선도가 떨어진다. 울 밖의 초지는 위험이 상존하지만 그 위험을 무릅쓸 만큼 충분히 매력적이다. 우리의 세 아이는 그 결과로 모두 다른 관심사를 찾아 스스로 만족하는 길을 가고 있다.

대구에서 구미로 출퇴근하던 것을 접고 주중에 홀로 구미에서 생활하게 된 사십대 중반의 문화기획자가 말했다.

"요즘, 주말 부부로 사는 것은 3대가 선업을 쌓아야 가능한 일이랍니다. 저는 6개월 전부터 그것이 가능해졌습니다. 그래서 퇴근 후 하룻밤에 몇 번의 공연을 구성하고 다시 허물곤 합니다. 밤마다 위대한 기획자가 됩니다."

이처럼 부부에게도 때때로 혼자만의 시간이 필요하다. 단체로 산행을 하면 운동이지만 홀로 산을 오르면 사유가 된다. 여럿이 여행하면 관광이 되지만 홀로 여행하면 만행이 된다. 아무리 금실 좋은 부부라도 때때로 홀로 있는 시간을 확보함으로써 인생이 더욱 깊어질 수 있다. 삶을 익게 하는 숙성의 시간을 서로가 배려할 필요가 있다. 결혼은 자발적인 귀속, 아름다운 간섭이다. 그리하여 불완전한 자아가 완전을 꿈꿀 수 있는 유일한 방법이다.

우리는 모두
상처받은 존재들

• 강수돌

강수돌은 1961년 경남 마산에서 태어났다. '진리 탐구'의 꿈을 안고 서울대 경영학과와 같은 대학원에 진학했으나 돈벌이 공부에 실망했다. 고민을 하다가 마침내 돈벌이가 아닌 살림살이 공부를 하기로 결심했다. 행복한 삶에 도움이 되는 공부를 하자는 것이다. 석사 과정을 마친 후 결혼을 했고, 세 명의 자녀를 두었다. 독일 브레멘 대에서 노사 관계 분야로 박사학위를 받고 귀국하여 한국노동연구원에서 2년 가까이 연구를 했으며, 1997년 이후 지금까지 고려대 세종캠퍼스에서 대학생을 가르치고 있다. 2005년부터 2010년까지 5년 동안 자신이 사는 시골 마을에서 고층아파트 반대 운동을 하느라 마을 이장까지 지내기도 했다. 지은 책으로 《시속 12킬로미터의 행복》《이장이 된 교수, 전원일기를 쓰다》《내가 만일 대통령이라면》《나부터 마을혁명》《나부터 교육혁명》 등이 있다.

인생의 3대 전환점

　약 30년 전, 학창 시절에 선생님 한 분이 물으셨다. "우리 인생에 크게 세 가지 전환점이 있다네. 자네, 그게 뭔지 아는가?" 정답은 대학, 취업, 결혼이었다. 대학을 가는지 안 가는지, 가더라도 어떤 학교로 가는지, 같은 학교라도 어떤 전공을 하는지 따위가 인생을 갈라놓는다는 것이다. 다음은 취업인데 공무원이나 공기업을 선택하는지 아니면 민간 기업으로 가는지, 일반 기업으로 가더라도 대기업으로 가는지 중소기업으로 가는지, 무슨 직업을 선택하는지, 어디에 중점을 두고 일을 하는지 등에 따라 인생의 모습이 달라진다는 얘기다. 그리고 결혼이 있다.

　당시만 해도 결혼을 하지 않는 것에 대해서는 별로 논란할 여지도 없을 만큼 결혼을 당연시하던 시기라, 결혼을 하기는 하되 언제 누구와 하는지가 매우 중요한 변수라는 말씀이었다. 그 선생님의 결론은 이 세 번의 전환점에 서서 지혜롭게 판단해야 행복한 인생을 살 수 있다는 것이었다. 30년이 지난 지금 생각해 봐도 별로 틀린 말씀은 없다. 나의 경우를 스스로 판단해 보더라도 그 세 전환점에서 대체로 잘 판단했고, 그 결과 지금의 행복 점수도 대체로 높다고 느낀다.

그런데 좀 더 생각해 보면 위 선생님 말씀에 결정적으로 빠진 것이 하나 있다. 그것은 '사회적 관계'의 문제이다. 일례로, 대학을 가되 대학과 사회가 어떤 관계를 맺어야 올바른지에 대해선 토론의 여지가 없었다. 또 취업을 하되 내 직업과 나 자신 그리고 사회가 어떤 관계를 맺어야 바람직한지에 대한 기준은 말씀이 없었다. 나아가 결혼을 하되 배우자와 관계 맺기를 어떤 방식으로 해야 좋은지, 나중에 아이를 낳으면 아이와의 관계를 어떻게 형성해야 가장 행복감이 높을지, 가족 행복을 넘어 사회 행복을 위해서 어떻게 사는 것이 좋을지에 대한 가르침은 없었던 것이다.

요컨대 좋은 대학에 가고 좋은 직장에 취업한 뒤 좋은 배우자를 만나면 행복한 삶을 꾸릴 수 있다는 말씀, 그 이상은 아니었다. 물론 여기서 '좋다'는 말은 일류라는 말로 바꿔도 무방하다. 그리고 일류라는 것은 결국 일반적인 세상의 잣대에 비추어 평판이 좋고 대우가 좋으며 배경이 좋은 것을 의미했다.

그러나 생각해 보라. 그렇게 일류 기준에 비추어 대학, 직장, 결혼을 할 수 있는 사람이 과연 우리나라 전체 구성원 중에서 몇

퍼센트나 되겠는가? 결국은 극소수의 선택받은 자만이 누릴 수 있는 특권이 아닌가? 솔직히 말하면 나 자신도 그런 특권을 많이 누리는 사람 중 하나이다. 그러나 내가 지금 느끼는 행복은 그저 인생의 전환점에서 '일류'만 추구했기 때문에 찾아온 것이라기보다는 각 전환점마다 올바른 '관계'를 찾아 꾸준히 발버둥 쳐왔기 때문에 가능한 것이라고 생각한다.

 일례로 대학에 진학해서는 내가 배우던 공부가 맘에 들지 않아 나 스스로 학습할 내용을 정하고 그 기준에 따라 다양한 공부를 했다. 돈벌이를 위한 공부가 아니라 '삶의 질'을 중심에 놓고 씨름하기 시작했다. 그 과정에서 닥친 역경에 대해서는 매 순간마다 나 스스로 기꺼이 감수하겠다고 각오를 했다.

 취업의 경우에도 학자의 길을 걷기로 다짐을 한 이상, 돈과 권력보다는 진리와 행복에 기여하는 사람이 되기로 했다. 그러니 돈과 권력의 유혹이 있더라도 끌려가는 관계가 아니라 내 기준을 중심에 놓고 단호하게 대처할 수 있게 되었다. 그 나머지의 몫은 필연이라기보다 우연인 경우가 많았다. 이제 남은 것은 결혼이다.

사랑하는 두 사람의
순수한 관계

 결혼과 관련해 수많은 지침이 있고 결혼식의 주례 말씀도 천차만별이겠지만, 그 모든 핵심을 한 단어로 압축하면 '사랑'이다.

사랑 없이 결혼하는 이가 있겠느냐고 물을 수 있지만, 세상에는 크게 두 유형의 결혼이 있다. 유형 1은 사랑에 빠진 사람과 진실한 관계를 지속하기 위해 결혼하는 것이고, 유형 2는 사랑을 빙자하여 돈이나 권력의 관계를 맺기 위해 결혼하는 것이다.

물론 유형 1의 경우 꼭 결혼을 해서 가정을 이뤄야 하는가에 대한 근본적 질문도 가능하다. 사르트르와 보부아르 식의 계약 결혼이나 요즘 갈수록 늘고 있는 동성애자들의 삶도 존중해야 한다. 이들에게는 상대방 사람 그 자체가, 상대방과의 사랑의 관계 자체가 좋은 것이다. 그러나 유형 2의 경우는 '제사보다 젯밥에' 마음이 가 있는 경우이다. 단순히 부잣집 자녀와 결혼한다든지 권력층 자녀와 결혼하는 것만을 말하는 건 아니다. '피부는 권력'이라며 어느 화장품 광고에서 본의 아니게 자본주의의 진실을 말한 것처럼, 요즘은 '외모도 권력'으로 통한 지 오래이다. 그러고 보면 '학벌도 권력'이 아닌가. 결국 흔히 말하는 '스펙'은 단순히 취업만을 위한 필요 조건이 아니라 결혼의 필요 조건도 된다.

전통적으로 어른들이 강조했던 결혼의 '스펙'은 외모, 학벌, 직업, 가정 배경 등이었다. 요즘은 건강과 인성도 많이 강조된다. 그나마 좀 나아진 면이 있다. 그런데 이 세상 어른치고 자식이 결혼할 때 좋은 짝을 만나 행복하게 살기를 바라지 않는 이가 있는가? 그러다 보니 갈수록 스펙이 늘어나게 된다. 그러나 문제는 온갖 스펙을 완벽하게 갖추었다고 해서 저절로 행복해지는 것은 아니라는 점이다.

아침이나 저녁에 하는 텔레비전 드라마들을 보라. 주인공들은 대개 멋진 외모와 높은 학식을 갖추고 빵빵한 재력의 부모와 함께 호화로운 집에서 산다. 문제는 이들이 대개 행복하지 않다는 것이다. 외적 조건이 다 갖추어진다고 행복해지는 것이 아니라 나와 남, 나와 세상이 맺는 관계가 얼마나 건강하고 만족스러운가에 따라 행복이 결정되기 때문이다.

결혼을 앞두거나 이미 결혼한 이들도 마찬가지이다. 행복하기 위한 '조건'들, 예컨대 미리부터 돈과 물건, 집과 차 같은 것에 집착하지 마시라. 부모가 모든 살림살이를 다 갖춰준 상태에서 달랑 몸만 들어가 사는 건 아무 재미가 없다. 부부가 힘을 모아 숟가락 하나라도 스스로 장만할 때, 소박한 반찬과 밥이라도 같이 해서 사랑의 대화를 나눌 때, 식사 시간은 행복의 밥상이 된다.

그러니 '조건'을 갖추느라 헛된 시간을 보내지 말고 자신과 상대방이 맺는 관계, 그리고 나 자신과 그 조건들이 맺는 관계에 주목하시라. 나와 상대방이 맺는 관계는 당연히도 순수한 사랑, 사람 자체의 매력에 서로 끌리는 관계, 그러면서도 평등한 관계여야 한다. 그것도 인위적으로 또는 일시적으로 나온 매력이 아니라 자연스럽게 풍겨 나오는 지속 가능한 매력 말이다.

물론 우리 마음과 기분은 상황과의 관계 속에서 수시로 변한다. 문제는 같은 상황 속에서도 지혜롭고 유쾌하게, 때로는 세심하고 아름답게 대처할 수 있는 능력이다. 그래서 우리는 결혼 당시만이 아니라 부부가 함께 사는 모든 시간에 걸쳐 늘 새로워지려 노력해야 한다. 부엌이나 거실도 갈고 닦아야 빛이 나듯, 부부 사이의 인간적 매력도 수시로 갈고 닦아야 한다. 누가 더 우위에 있고 누가 더 영향력이 센가 하는 기준은 사랑의 관계에 해롭다. 그것은 권력의 관계일 뿐이다. 사랑의 관계가 되려면 서로가 서로에게 장점을 북돋워주고 단점을 보완해 주는 관계를 맺어야 한다. 이는 부단한 학습을 필요로 한다. 인생 내내 대화와 독서, 상담과 공부가 필요한 까닭이다.

그러나 현실적으로 우리는 이를 잘 알면서도 실천을 못하는 경우가 많다. 시간이 부족할 수도 있고 상황이 복잡할 수도 있다. 그러나 가장 핵심적인 문제는 나나 상대방의 마음 깊은 곳에 오랜 상처(트라우마)가 있어 생각대로 몸이 움직이지 않는다는 점이다. 그렇다. 우리는 너나 할 것 없이 존재의 시작 이후 수시로 상처받기 시작했고, 이 상처의 과정은 지금도 계속된다. 거의 예외가 없다. 모두가 상처받은 존재라는 것, 바로 이 점을 진심으로 인정할 때 비로소 우리는 제대로 사랑의 관계를 실천할 수 있다.

정신분석학자나 사회심리학자들에 따르면, 트라우마란 '폭력적 경험으로 인한 마음의 상처'이다. 이 폭력은 매질이나 주먹, 살인이나 강간 등과 같은 물리적 폭력만이 아니라 욕설이나 비방, 악플 등과 같은 언어적 폭력, 그리고 왕따나 무관심, 외로움 속 방치,

증오심, 반복된 좌절감이나 열등감의 강요 등과 같은 심리적 폭력 등을 모두 포함한다.

일례로, 엄마나 보호자의 따뜻한 사랑 없이는 생존조차 어려운 유아가 아무런 보살핌을 받지 못하는 경우, 설사 이 아이가 물리적으로 생존을 하더라도 깊은 마음속에는 욕구의 거듭된 좌절과 실패로 인한 트라우마가 강하게 남는다. 이 트라우마는 마침내 일종의 '극단적 스트레스'로 나타나는데—전문 용어로 외상 후 스트레스 장애PTSD, Post-Traumatic Stress Disorder 라 한다—대단한 고통을 수반하며 지속적으로 악영향을 끼친다.

이 스트레스의 형태는 대개 노이로제나 히스테리 등 과민 반응, 악몽이나 강박증 등 침투 작용, 감정 마비나 기억 상실과 같은 억제 행동 등으로 나타난다. 모두 엄청난 고통과 번민이 따른다. 두려움과 무기력, 공포감이 몰려오기도 한다. 근심, 걱정, 불안, 우울증, 좌절감 등이 따른다. 사람들은 이 참기 어려운 존재의 고통에 대해 정직하게 인정하고 차분히 극복하려 하기보다는 대개는 자기 방어 본능으로 인해 부정과 외면, 합리화나 거짓말을 통해 대처하려 한다. 이러한 방식의 대응들이 많은 경우 일반인의 눈에는 '미친 것처럼' 나타나지만 사실은 상처 입은 사람의 고통스런 몸짓이라 이해하는 것이 옳다. 문제는 누구나 트라우마를 갖고 있다는 것이며, 누구나 그런 고통의 몸부림을 하기 쉽다는 것이다.

성장 과정에서의 트라우마는 많은 경우 부모와의 관계, 가정

환경, 이웃 관계, 그리고 학교 생활, 친구 관계, 성적과 점수를 강요하는 분위기 등에 기인한다. 여기서 가장 핵심은 가정이다. 조건 없는 사랑을 충분히 받고 자랄 수 있었던 사람은 트라우마가 거의 없다. 그러나 시대 상황을 고려해 보면 부모의 삶 자체도 이미 트라우마로 얼룩져 있으며, 그런 상황 속에서 조건 없는 사랑을 충분히 받기란 쉽지 않다. 그래서 우리는 대부분 상처 입은 사람들일 수밖에 없다. 이 '불편한 진실'만 정직하게 수용하면 우리는 상대방과 진실한 사랑의 관계를 맺을 수 있다.

성장 과정에서 큰 상처를 입은 사람이라도 어른이 되어서 지속적으로 진실한 사랑을 받는다면 서서히 치유된다. 요컨대 진정한 사랑의 관계는 그 자체로 치유의 관계이다. 따뜻한 말 한마디, 인정 어린 포옹, 마음의 선물, 사랑스런 웃음과 눈빛 등이 별것 아닌 것 같지만 우리에게 엄청난 위안이자 기쁨이 되는 것도 바로 이런 배경에서이다.

자녀와의 새로운 관계

이제 사랑하는 두 사람이 자연스런 사랑의 결실로 아이를 낳은 경우를 보자. 이제 결혼 생활도 차원이 완전히 달라진다. 이 부모와 자녀 간의 관계에서 핵심 문제는 '아이를 보는 눈'이다. 압축하면, 사랑의 인격체라 보는 눈(유형 1)이냐, 아니면 제2세대 노동력으로 보는 눈(유형 2)이냐이다.

이 부모 자녀 관계에서의 유형 1은, 앞서 결혼을 선택하는 방식에서의 유형 1의 연장선이라고 할 수 있다. 순수한 사랑으로 만난 두 사람은 자식도 순수한 사랑의 눈으로 본다. 아이가 간절했던 사랑의 결실이니 당연히 사랑으로 키운다. 조건 없는 사랑이다. 젖을 주거나 기저귀를 갈아줄 때 "다음에 네가 판검사나 의사가 된다는 전제 조건 아래 해주는 것이란다"라고 말하지 않는다. 사랑을 듬뿍 받고 자라는 아기는 부모의 따뜻한 품에서부터 사랑을 느끼며 이 세상은 살 만한 곳이라 직감한다. 동시에 '나는 이 세상에 존재할 가치가 있구나' 하고 느낀다. 그렇게 사랑을 듬뿍 받은 아이는 자기도 사랑할 수 있다. 자아 존중감도 생긴다.

그러다가 아이가 학교를 가기 시작하고 사춘기와 청소년 시기를 지날 때 부모의 역할은 매우 중요하다. 왜냐하면 그 이전엔 유형 1의 사랑을 하다가도 이때부터는 유형 2로 경로 변경을 하기 쉽기 때문이다. 사랑의 눈으로 인생을 '일관되게' 사는 부모가 되어야만 아이에게 유형 1의 사랑을 제대로 베풀 수 있고, 마침내 아이는 아이대로, 어른은 어른대로 행복해진다. 다만 사춘기 이전의 아이는 가급적 끌어안으면서 사랑을 베풀지만, 그 이후부터는 천천히 독립을 준비시켜야 하기 때문에 조금씩 거리를 두면서 사랑을 베풀어야 한다. 즉 사춘기 전에는 친밀성이 강한 사랑을, 사춘기 후에는 자율성을 키우는 사랑을 주어야 한다.

물론 아이마다 속도나 개성이 다르므로 '아이가 필요로 하는'

사랑을 주어야 한다. 아이가 자신의 필요나 욕구, 느낌과 생각을 자유롭게 말하도록 너그러운 분위기를 만들고 아이의 이야기를 경청해야 한다. 갈수록 대화와 소통, 이해와 공감이 중요해지는 것은 이 때문이다. 형태는 다르지만 꾸준히 사랑을 받은 아이, 그래서 자신을 사랑할 줄 아는 아이는 성장하면서 부모나 친구 등 다른 사람도 사랑할 줄 알게 된다. 머리가 더 커지면 개인적 사랑의 차원을 넓혀 이웃과 사회도 사랑하게 된다. 정의감에 불타 세상을 바꾸려는 사람도 이렇게 생성된다. 이런 사회적 사랑을 하는 이들이 많을수록 세상은 좋아진다. 이 모든 것의 뿌리는 결국 유형 1의 사랑, 즉 아이가 어른으로부터 조건 없는 사랑을 충분히 일관되게 받는 것이다.

유형 2의 사랑은 대개 아이가 유치원이나 초등학교에 가면서부터 시작된다. 시험과 성적이 문제이다. 상대 평가와 비교, 한 줄 세우기가 핵심이다. 그것은 아이들을 경쟁과 분열로 내몬다. '만인의 만인에 대한 투쟁' 문화는 사랑의 관계를 망가뜨리고, 정반대로 증오의 관계 또는 권력의 관계를 형성한다.

마침내 아이 자신의 외면과 내면을 분리시킨다. 이런 것을 알면서도 실천이 잘 안 되는 것은 부모가 살아가는 사회적 관계가 노동 시장에서의 경쟁과 분열로 특징지어지기 때문이다. 그러다 보니 대개 어른들은 아이들이 나중에 노동 시장에 나가 유리한 고지를 차지하기를 소망한다. 즉 자녀가 자신의 노동력 가치를 드높이게 도와주는 방식으로 양육하고 교육하는 것이다. 사랑의 관점이 노동력의 관점으로 전도되는 순간이다. 그래야 돈과 권력, 명예 등 기득권을 누리며 '남부럽지 않게' 산다고 본다. 이미 상층부에서 넉넉하게 사는 부모들은 기득권의 달콤함을 누리면서 중독되기 쉽고(향유 중독), 중간 이하에서 매일 힘겨운 생존 투쟁을 해야 하는 부모는 삶의 고달픔을 체험적으로 잘 알기 때문에 기득권의 달콤함을 강박적으로 동경하면서 중독되기 쉽다.(동경 중독) 그러니 상하를 막론하고 아이들에게 '우수한' 성적을 강제한다. "모두 너의 행복을 위해서란다"라고 하면서 말이다.

특히 부모가 갖은 고생을 하면서 아이를 뒷바라지할수록 부모 마음속엔 자신도 모르게 피해 의식과 보상 심리가 자라난다. 아이가 부모의 기대 수준을 채우지 못하면 마침내 아이에게 공격적으로 폭발한다. 한 해에도 300명 내외의 십대 청소년들이 자살을 하는데, 그 배경엔 바로 이런 문제가 숨어 있다. 막상 아이가 자살을 하고 나면, 잘못된 논리 속에 살던 부모는 더 이상 아이의 나약함이나 무능함을 꾸짖기보다 "내가 잘못했다. 제발 목숨이라도 살아 오늘 저녁밥이라도 같이 먹자구나" 하면서 본심으로 돌아온다. 그러나 이미 때는 늦다. 그러니 바로 지금부터, 오늘부터 아이와 웃으면서 밥상을 함께 나누는 관계를 실천하시라.

게다가 아이가 좋은 성적으로 좋은 대학을 가고 좋은 직장에 취직을 한들, 자아를 실현하고 삶의 보람을 느끼며 진정한 행복을 느끼는지는 또 다른 문제이다. 많은 경우 남을 짓밟거나 남의 불행에 무관심하면서 자기만 행복하게 살려고 한다. 좋은 인생이란 수단과 방법을 가리지 않고 돈과 권력과 명예와 명품 따위를 누리면서 무조건 오래 사는 것이 아니라, 소박하게 먹고살더라도 자아 실현과 사회 행복에 기여하면서 천명대로 사는 것이다.

원초적 사랑의 관계를 실천적으로 확장하기

이제 중요한 것은 과연 아이가 하고 싶은 공부를 하고 또 나중에 하고 싶은 일을 하면서 살 수 있도록 가정의 분위기와 사회의 구조를 만들 수 있는가 하는 점이다. 물론 이것은 아직도 요원한 문제이다. 하지만 '나부터' 인식을 바꾸고 실천하는 사람이 많아지면서 사회 구조와 문화도 바꾸어나가는 것이 올바른 순서이다. 늘 자기 탓만 하는 사람도 문제이지만 항상 사회 탓만 하는 사람도 문제이다. 모두 상처 입은 존재들의 아픈 몸짓일 뿐이다.

자신부터 상처 입은 존재임을 인정하면서 따뜻한 사랑의 관계 속에서 치유와 더불어 새로운 사회적 관계의 창조에도 참여해야 한다. 이것이 삶에 대해 정직하고 책임 있는 자세이다. 그저 부자가 되고 출세하려고 열심히 살자고 할 것이 아니라, 바로 이런 책임감 있는 삶을 살도록 노력해야 한다. 결혼 전엔 온 세상을 다 바꿀 듯 야망적이던 사람도 대개 결혼 뒤엔 오로지 자기 가정만 지키려는 경우가 많다. 사실 그것도 버거운 일이기는 하다. 그러나 삶이 왜 갈수록 더 버거워지고 모두 상처투성이가 되는가? 바로 이것이 문제의 핵심이다. 결국은 온 세상 구조가 경쟁과 분열로 치닫고, 그 와중에 각 개인이 모래알처럼 흩어져 자기 코앞의 이익만 찾는 존재로 전락했기 때문이다. 경쟁과 분열을 통해 지배와 착취를 추구하는 자본의 논리를 인간 스스로 내면화한 결과이다.

결국 오로지 자기 가정만 지키면 된다고 보는 사람은 숲은 보지 못하고 나무만 보는 어리석은 자이다. 나무도 중요하지만 숲이 더 중요하다. 그래서 두 사람에서 시작된 온전한 사랑의 관계를 온 가정으로, 나아가 온 사회로 확장해야 한다. 소통과 연대가 중요해지는 까닭이다. 그 과정에서 온갖 어려움과 불편이 따를 수 있다. 그러나 진정으로 나 자신과 온 세상을 위해 책임성 있는 길을 가는 한, 그 어떤 고통도 즐겁게 이겨낼 수 있다. 바로 이런 실천들이 우리 모두의 인생을 살 만한 것, 아름다운 것으로 만들 것이다.

샨티 회원제도 안내

샨티는 사람과 사람, 사람과 자연, 사람과 신과의 관계 회복에 보탬이 되는 책을 내고자 합니다. 만드는 사람과 읽는 사람이 직접 만나고 소통하고 나누기 위해 회원제도를 두었습니다. 책의 내용이 글자에서 머무는 것이 아니라 우리의 삶으로 젖어들 수 있도록 함께 고민하고 실험하고자 합니다. 여러분들이 나누어주시는 선한 에너지를 바탕으로 몸과 마음과 영혼에 밥이 되는 책을 만들고, 즐거움과 행복, 치유와 성장을 돕는 자리를 만들어 더 많은 사람들과 고루 나누겠습니다.

샨티의 회원이 되시면

샨티 회원에는 잎새·줄기·뿌리(개인/기업)회원이 있습니다. 잎새회원은 회비 10만 원으로 샨티의 책 10권을, 줄기회원은 회비 30만 원으로 33권을, 뿌리회원은 개인 100만 원, 기업/단체는 200만 원으로 100권을 받으실 수 있습니다. 그 외에도,

- 추가로 샨티의 책을 구입할 경우 20~30%의 할인 혜택을 드립니다.
- 신간 안내 및 각종 행사와 유익한 정보를 담은 〈샨티 소식〉을 보내드립니다.
- 샨티가 주최하거나 후원·협찬하는 행사에 초대하고 할인 혜택도 드립니다.
- 뿌리회원의 경우, 샨티의 모든 책에 개인 이름 또는 회사 로고가 들어갑니다.
- 모든 회원은 아래에 소개된 샨티의 친구 회사에서 프로그램 및 물건을 이용 또는 구입하실 때 할인 혜택을 받을 수 있습니다.

- 건강을 향한 첫걸음 '제대로 걷기 강좌(체형 및 워킹 교정)' 20~30% 할인
  070-7777-7713, http://blog.naver.com/supsaeng
- 문성희의 '평화가 깃든 밥상' 요리강좌 수강료 10% 할인
  070-8814-9956, http://cafe.daum.net/tableofpeace
- 오늘 행복하고 내일 부자되는 '포도재무설계' 재무 상담료 20% 할인
  http://www.podofp.com
- 대안교육잡지《민들레》정기 구독료 20% 할인 http://www.mindle.org
- 설아다원 유기농 녹차 10% 할인 http://www.seoladawon.co.kr

회원제도에 대한 자세한 사항은 샨티 블로그 http://blog.naver.com/shantibooks를 참조하십시오.

샨티의 뿌리회원이 되어
'몸과 마음과 영혼의 평화를 위한 책'을 만들고 나누는 데
함께해 주신 분들께 깊이 감사드립니다.

뿌리회원(개인)

이슬, 이원태, 최은숙, 노을이, 김인식, 은비, 여랑, 윤석희, 하성주, 김명중, 산나무, 일부, 박은미, 정진용, 최미희, 최종규, 박태웅, 송숙희, 황안나, 최경실, 유재원, 홍윤경, 서화범, 이주영, 오수익, 문경보, 최종진, 여고운, 조성환, 김영란, 풀꽃, 백수영, 황지숙, 박재신, 염진섭, 이현주, 이재길, 이춘복, 장완, 한명숙, 이세훈, 이종기, 현재연, 문소영, 유귀자, 윤홍용, 김종휘, 이성모, 보리, 문수경, 전장호, 이진, 최애영, 김진회, 백예인, 이강선, 박진규, 이욱현, 최훈동, 이상운, 이산옥, 김진선, 심재한, 안필현, 육성철, 신용수, 곽지희, 전수영, 기숙희, 김명철, 장미경, 정정희, 변승식, 주중식, 이삼기, 홍성관, 이동현, 김혜영, 김진이, 추경희, 물다운, 서곤, 강서진, 이조완, 조영희, 이다겸, 이미경, 김우

뿌리회원(단체/기업)

회원이 아니더라도 이메일(shantibooks@naver.com)로 이름과 전화번호, 주소를 보내주시면 독자회원으로 등록되어 신간과 각종 행사 안내를 이메일로 받아보실 수 있습니다.

전화 : 02-3143-6360 팩스 : 02-338-6360
이메일 : shantibooks@naver.com